北大版留学生本科汉语教材·语言技能类

中级 下册

汉语听说教程

Intermediate Chinese
Listening and Speaking Course II

主　编：胡晓清

副主编：毛嘉宾　焉德才

编　著：胡晓清　毛嘉宾　苏向丽

　　　　吴海燕　焉德才　杨艳丽

北京大学出版社
PEKING UNIVERSITY PRESS

图书在版编目(CIP)数据

中级汉语听说教程. 下册/胡晓清主编. —北京：北京大学出版社,2006.11
(北大版留学生本科汉语教材·语言技能系列)
ISBN 978-7-301-07907-2

Ⅰ．中…　Ⅱ．胡…　Ⅲ．汉语－听说教学－对外汉语教学－教材　Ⅳ．H195.4

中国版本图书馆 CIP 数据核字(2006)第 124954 号

书　　　名：中级汉语听说教程　下册
著作责任者：胡晓清 主编
责 任 编 辑：宋立文
标 准 书 号：ISBN 978-7-301-07907-2/H·1180
出 版 发 行：北京大学出版社
地　　　址：北京市海淀区成府路 205 号　　100871
网　　　址：http：//www.pup.cn　电子信箱：zpup@pup.pku.edu.cn
电　　　话：邮购部 62752015　发行部 62750672　出版部 62754962　编辑部 62752028
印 刷 者：涿州市星河印刷有限公司
经 销 者：新华书店
　　　　　　787 毫米×1092 毫米　16 开本　15.5 印张　270 千字
　　　　　　2006 年 11 月第 1 版　2008 年 8 月第 2 次印刷
印　　　数：3001－6000 册
定　　　价：56.00 元(含 MP3 盘 1 张)

前　言

　　本教材是为汉语言专业二年级的外国留学生编写的中级听说课教材，具有初级以上水平的来华进修生也可使用。

　　在长期教学实践过程中，我们发现，将听力与口语分开训练从理论上虽可行，但实际操作却存在着一些问题。一方面，听力课如果只训练听力的话，未免失之单调，要避免课堂操作中的枯燥，教师往往会增加部分表达内容，这与听力课的培养目标不相干。另一方面，口语课的课文在操作上一般也要先听后说，即实际上听力和口语的训练仍存在并行的现象，只是侧重点有所不同。在这样的前提下，我们编写了这套教材，直接将听力训练和口语训练并轨。这样既有利于教师的操作，也便于学生多种技能的协调发展。

　　本教材分上下两册，各10课，内容涉及社会生活的方方面面，力求做到覆盖面广、实用性强、吸引力大。每册均包含三个"复习与回顾"，力争使学生通过一定量的复习达到巩固所学知识、克服遗忘的目的。

　　在每课的具体体例上，主要由以下部分构成：

　　1. 听力课文。每一课的开头均为听力课文，材料多选自真实语料。在课文后附有若干听力练习，目的是训练学生的各项听力技能，同时也使学生对本课的内容有一个大致的印象，以便为下一步训练的展开做一个良好的铺垫。同时，根据外语学习中的"输入大于输出"原则，在接触新的知识点，特别是要自我生成新的表达之前，有必要通过"听"的方式将与本话题有关的一些新信息及相关知识点输入到学生的大脑中，充实学生的大脑信息库，以便在输出时可以有效提取信息库中的新内容，使表达中的信息量更大，更加有的放矢。

　　2. 叙述性口语课文。每课的第二部分为叙述性口语课文，材料多采用访谈的形式，主要为自编材料。在访谈中，多个受访者围绕同一个话题发表自己的意见，阐述各自的观点。在课文后，有各种口语表达练习。其中，一部分为课文内的表达训练，通过该练习使学生学会新的口语表达方法，将新的知识点内化为自己的口语表达能力；另一部分为扩展式表达训练，通过各种形式的练习培养学生的成段表达能力。

3. 对话性口语课文。每课的第三部分为对话性口语课文，材料大部分为自编的与本话题相关的对话。在课文后增加了"表达拓展"项目，将该课中出现的功能性表达予以进一步补充拓展。练习则配有朗读练习，表达练习及功能性表达练习。通过对话性口语课文的学习及练习，力争使学生学会真实可感、生活气息浓厚的口语，力避为了凸显知识而编造的"伪口语"；同时掌握在各种不同场合下同一种功能的不同表达方式。

之所以将口语课文分解成叙述性口语课文和对话性口语课文，是基于以下的考虑：

在以往的有些中级口语教材中，大多用对话体来串连整个课文。这样一来，对话就承载了多种功能，既要有各种语气、语调的变化，又要增加各种得体表达的内容，甚至还要负载起成段表达说话者观点的任务。在具体的课堂操作中，因为课文全部是对话，如果以学生分角色朗读的方式来处理的话，未免会显得比较单调。而实际上，在我们日常的口语表达中，很少在对话中大段地表达自己的观点。对话，一般以句式比较短小、灵活，对话双方言语变化比较快，语气比较丰富为特征。因此我们将口语课文分成两部分。叙述性口语课文主要承担成段表达的任务，而对话性口语课文则还原生活中对话的本来面目，力避生硬牵强。

"回顾与复习"部分，通过听、想、说、练、编、填等方式，力图使学生将前一阶段学习过的知识点融会贯通，达到巩固提高学生听说认读等各方面能力的目的。特别是"听一听"部分，我们采用了汉语水平考试的试题模式，将本阶段所学的重要语言点编写到题目中，为定向培养学生的汉语水平考试能力提供一个日常练习的平台，同时也试图在汉语学习与汉语水平考试之间搭起一座便利的桥梁。

本教材从2004年起开始搜集素材，初编的材料在我们的课堂教学中经过了一年多的实践，然后根据课堂需要进行了大量的增删修改。在编写本教材的过程中，两位副主编毛嘉宾老师和焉德才老师付出了大量的心血，所有参编老师齐心协力，才使本教材得以较快地完稿。对此，特向所有参编人员表示深深的谢意。更要感谢本书的责任编辑宋立文老师，没有他的辛勤工作，就没有本书的付梓。由于本人学识有限，书中难免有遗漏和不足之处，还望方家指正。

胡晓清

目　　录

第一课　天有不测风云 …………………………………………… 1
听力课文　一、2001 年北京的那场大雪 ……………………… 1
　　　　　二、天气预报 ……………………………………… 3
叙述性口语课文　天有风霜雪雨 ……………………………… 5
对话性口语课文　这个冬天不太冷 …………………………… 11
（表达拓展　"怀疑"的表达法）……………………………… 14

第二课　走遍万水千山 ………………………………………… 18
听力课文　一、我的黄山之旅 ………………………………… 18
　　　　　二、在中国坐火车旅行 …………………………… 20
叙述性口语课文　走出家门看世界 …………………………… 23
对话性口语课文　儿行千里母担忧 …………………………… 28
（表达拓展　"放心"的表达法）……………………………… 30

第三课　笑一笑十年少 ………………………………………… 34
听力课文　一、身动心静人不老 ……………………………… 34
　　　　　二、健身要有娱乐的心态 ………………………… 36
叙述性口语课文　健身娱乐为哪般？ ………………………… 39
对话性口语课文　恼人的周末 ………………………………… 45
（表达拓展　"不耐烦"的表达法）…………………………… 47

第四课　千里眼，顺风耳 ·········· 51

听力课文　一、珍贵的电话卡 ·········· 51

　　　　　二、沉迷网络危害多 ·········· 54

叙述性口语课文　足不出户"走"世界 ·········· 56

对话性口语课文　贺年卡 ·········· 61

（表达拓展　"取笑、讽刺"的表达法） ·········· 63

回顾与复习一 ·········· 68

第五课　萝卜白菜，各有所爱 ·········· 76

听力课文　一、我的朋友——钢琴 ·········· 76

　　　　　二、我的追星故事 ·········· 78

叙述性口语课文　我们的生活丰富多彩 ·········· 81

对话性口语课文　兴趣是最好的老师 ·········· 87

（表达拓展　"鼓励"的表达法） ·········· 89

第六课　十年树木，百年树人 ·········· 92

听力课文　一、考研的竞争太残酷 ·········· 92

　　　　　二、汉语热 ·········· 94

叙述性口语课文　谈不完的教育 ·········· 97

对话性口语课文　赶鸭子上架 ·········· 101

（表达拓展　"劝告"的表达法） ·········· 103

第七课　到什么山上唱什么歌 ·········· 107

听力课文　一、保护民俗文化 ·········· 107

　　　　　二、各国婚俗 ·········· 110

叙述性口语课文　我该怎样面对你——习俗？ ·········· 112

对话性口语课文　入乡随俗 ·········· 118

（表达拓展　"道歉"的表达法） ·········· 120

回顾与复习二 ·········· 124

第八课　常回家看看 ……………………………………………… 132
　听力课文　一、回家过年 ……………………………………… 132
　　　　　　二、当丈夫将妻子推进海里 ………………………… 135
　叙述性口语课文　亲情无价 …………………………………… 138
　对话性口语课文　常回家看看 ………………………………… 143
　（表达拓展　"同意、赞成、附和"的表达法）………………… 145

第九课　吃不了兜着走 …………………………………………… 149
　听力课文　一、妈妈的持家之道 ……………………………… 149
　　　　　　二、中国餐饮消费浪费惊人 ………………………… 152
　叙述性口语课文　扒拉一下节约的小算盘 …………………… 155
　对话性口语课文　日子该怎么过？ …………………………… 160
　（表达拓展　"保证"的表达法）………………………………… 162

第十课　爱美之心，人皆有之 …………………………………… 167
　听力课文　一、选美风波 ……………………………………… 167
　　　　　　二、中国美女观的世纪变迁 ………………………… 170
　叙述性口语课文　众人心中的美 ……………………………… 173
　对话性口语课文　整容，难道是我的错吗？ ………………… 179
　（表达拓展　"抱怨、埋怨"的表达法）………………………… 181

回顾与复习三 ……………………………………………………… 185

听力录音文本 ……………………………………………………… 195

词汇索引 …………………………………………………………… 230

第一课

天有不测风云

听 力 课 文

◎ 一、2001 年北京的那场大雪 ◎

词语例释

幸灾乐祸	别人遭到灾祸时自己心里高兴。如： 这个坏孩子看到有人在雨地里摔了一跤，他不但不过去帮忙，反而幸灾乐祸地坏笑。
涌 (yǒng)	（人或事物）大量出现。如： 人们涌向商场，购买大减价的商品。
站　牌	在车站设立的标明站名、行车路线等的牌子。如： 如果不清楚公共汽车的路线，可以在上车前看一下站牌。
冷冷清清	形容幽静、凄凉、寂寞、不热闹。如： 放假了，学校里冷冷清清的，走很远都碰不见一个人。
瘫痪 (tānhuàn)	（1）病的一种，身体的一部分丧失运动的能力。如： 出车祸以后，他的下半身瘫痪了，再也不能走路了。 （2）比喻机构、交通等不能正常运转或发挥作用。如： 由于发生了重大的交通事故，高速公路上堵车堵得厉害，整个交通都瘫痪了。

练 习

一、听后判断

1. 晚上 5 点 30 分我下班回家。　　　　　　　　　　　　　　（　　）

2. 我一般坐地铁上下班。　　　　　　　　　　　　　　　　　（　　）

3. 我去吃晚饭的原因是我挤不上公共汽车。　　　　　　　　　（　　）

4. 平时冷冷清清的饭馆里挤满了不能及时回家的人。　　　　　（　　）

5. 我从下班以后离开办公室到晚上重新回到办公室一共经历了两个半小

　　时。　　　　　　　　　　　　　　　　　　　　　　　　　（　　）

二、听后选择

1. 雪是什么时候开始下的？（　　　）

    A. 昨天早上　　　　　　　　　　B. 昨天中午

    C. 昨天傍晚　　　　　　　　　　D. 昨天夜里

2. 旁边的一个男的对着手机喊他已经在西直门打了多长时间车了？（　　　）

    A. 半个小时　　　　　　　　　　B. 一个小时

    C. 一个半小时　　　　　　　　　D. 两个小时

3. 说话人下班以后一共去了几回地铁站？（　　　）

    A. 一回　　　　B. 两回　　　　C. 三回　　　　D. 四回

4. 好不容易来了一辆车后，所有的人都拼命往上挤，车门用了几分钟才关

    上？（　　　）

    A. 2 分钟　　　　B. 5 分钟　　　　C. 10 分钟　　　　D. 一刻钟

三、听后回答

1. 请你描述一下下雪的情景。

    提示：北风　雪花　一会儿　周围的一切都……

2. 看到路上的车密密地排在一起，极缓慢地移动着，我心里是怎么想的？

提示：……地想　幸好我……

3. 车站上黑压压地拥挤着大约几百个等车的人，来了一辆车后，人们是怎样挤上车的？

提示：都像……一样　拼命……　车门用了……

4. 看到在车站挤不上车，"我"是怎么打算的？

提示：　决定　先……　挤进

5. 我给家里打了个电话，内容是什么？

提示：告诉家里……　无论如何也……

四、听后思考

1. 你认为为什么会发生课文中提到的交通瘫痪的事？政府为了处理好突然发生的恶劣天气事件应该做好哪些准备？
2. 如果你遇到这样恶劣的天气，你会怎么做？

听 力 课 文

◎ 二、天 气 预 报 ◎

词语例释

偏	不正，斜。如： ① 墙上的钟挂偏了。② 太阳偏西了。
夹	不同的东西混合掺杂在一起。如： ① 今天有雨夹雪。② 风声夹着雨声吵得我一整夜都没睡着。

间 (jiàn)	间或，有时候；隔开，不连接。如： ① 今天的天气是晴间多云。② 这件衣服黑白相间，十分漂亮。
阵	表示事情或动作经过的一段时间。如： 一阵风吹过，下了一阵雨，天就晴了。

练习

一、根据课文内容填空

北京：阴，_____，-7℃到 2℃。

呼和浩特：中雪，西北风 5~6 级，_____。

济南：_____，北风 5~6 级，-7℃到 4℃。

上海：小雨，_____，3℃到 12℃。

南京：晴_____多云，_____5~6 级，0℃到 9℃。

杭州：中雨，北风 5~6 级，_____。

广州：_____，北风 3~4 级，11℃到 26℃。

哈尔滨：大雪，_____，-14℃到-8℃。

乌鲁木齐：_____，-9℃到-5℃。

重庆：_____，4℃到 12℃。

二、给下面的名词配上合适的动词

____雨　　____雾　　____冰

____雪　　____风　　____雷

三、听后回答

1. 根据天气预报，明天香港的温差是多少？

2. 根据天气预报，明天哪个城市会下大雪？

3. 你估计这是哪个季节的天气预报？

4. 明天最冷的城市和最热的城市分别是哪一个？

叙述性口语课文
◎ 天有风霜雪雨 ◎

约翰，20岁，英国留学生

我的家乡伦敦气候温和，春夏秋冬，四季分明，气温很少低于零下5摄氏度或者高于32摄氏度。大家都说伦敦人热衷于谈论天气，这是因为伦敦的天气变化无常，刚才还是艳阳高照，一会儿就乌云密布，倾盆大雨说来就来。伦敦气候的另一个明显特点是夏季天很长、冬季天很短：7月晚上10点天才黑，而12月时下午4点天就已经黑了，所以夏季活动的时间长，气温也适宜，是旅游的最佳季节，到时候大家跟我去伦敦旅游怎么样？

高洁，20岁，大学生

我的愿望就是要去中国最冷的地方和最热的地方。中国最冷的地方在黑龙江省的漠河，那里也是中国的最北端，冬季温度常在零下三四十度，最低温度曾达到零下五十多度。冬季去漠河为了防止冻伤要穿暖棉内衣、皮衣，帽子要过耳，戴两层手套，穿三层袜子，鞋子要穿比原来大两三码的。而中国最热的地方在新疆的吐鲁番，历史上最高温度曾达到47.7摄氏度。那里气温虽然高，但相对湿度却很低，因此热而不闷，另外昼夜温差很大，所以这里不但热不死人，还出产中国最甜的葡萄和哈密瓜。

杨晨，29岁，公司职员

雨天不是个让人舒服的天气，阴沉沉湿漉漉的感觉往往让人浑身难受。但是这样的天气却是挑选女朋友的好天气。你想啊，大雨突然下了起来，赶巧又没带雨具，这时精心化好的妆被冲掉了，发型被淋坏了，衣服也湿透了，人显得很狼狈，这时如果一个女孩抱怨、唠叨，跺脚发脾气，她准是个坏脾气的姑娘。性格乐观开朗的女孩不会抱怨这样的坏天气，她会卷起裤腿、脱了鞋、光着脚享受雨中的浪漫。如果你遇到了这样的女孩，恭喜你，你差不多找到你的另一半了。

徐老师，32岁，大学教师

你猜我父亲最喜欢看什么电视节目？他最喜欢看天气预报。每天晚上播放天气预报的时候，他都坐在电视机前，把市一级电视台到中央电视台的天气预报看个遍，我们都笑话他得了天气预报病了。时间长了，我们也知道了父亲的心思：麦收的时候看下不下雨，如果有雨要提前抢收麦子；如果有冰雹、暴雨，他担心果园里刚结的梨和苹果被冰雹打掉；很长时间不下雨他又担心他的庄稼和果树会干死；连阴雨他又害怕地里太涝了……唉，天气牵着老人的心啊！

张师傅，45岁，出租车司机

很多人说我们出租车司机最喜欢雨天、雾天、冰雪天这样的恶劣天气，因为车子不会空跑，满大街都是急着招手打车的人，我们挣钱就跟捡钱似的。其实这真是冤枉我们了。我们这些常年开车的司机，最害怕老天爷变脸了。下过雨雪以后，路面又湿又滑，根本不敢开快车。速度一慢就耽误时间，原来送两个客人的空儿现在一个也拉不了。一天下来，多挣不了几个钱还提心吊胆的，您说我们容易吗？所以我宁愿一辈子都是好天儿，虽然有时候拉不着客人心里急，可总比出点儿意外什么的强多了吧？

王先生，38岁，自由撰稿人

如果我们在半山腰，突然遇到狂风大雨，应该怎么办？登山专家说，你应该向山顶走。往山顶走，固然风雨可能更大，却不会威胁你的生命。而向山下跑，看起来风雨小些，似乎比较安全，但却可能遇到山洪暴发而被活活淹死。对于风雨，逃避它，你只有被卷入洪流；迎向它，你却能获得生存！风也好，雨也罢，生活不可能每天都阳光明媚，只有经历了风雨，才能看到美丽的彩虹。这不但是天气的问题，在人生的旅途上，不也是如此吗？

词语例释

艳 (yàn) 阳高照	明亮的太阳高高地照着大地。如： 今天真是个好天气，春光明媚、艳阳高照，适合出去郊游。

乌 (wū) 云密布	黑云分布得很稠密。如： 外面乌云密布，刮起了大风，很快就要下大雨了。
倾 (qīng) 盆大雨	形容雨极大。如： 刚才还是艳阳高照，但没过一会儿就哗哗下起了倾盆大雨。
冻伤	身体由于低温而引起的损伤。如： 每年都有去高山滑雪的人因为穿得太少而冻伤，很多人甚至连性命都丢掉了。
闷 (mēn)	因气压低、湿度高而引起的不舒服。如： 下大雨以前，空气闷得人都喘不过气来。
昼 (zhòu) 夜	白天和黑夜。如： 这家饭店24小时昼夜服务。
温差 (chā)	温度的差，通常指一天中最高温度和最低温度的差。如： 新疆地区日照时间长，温差大。
阴沉 (chén) 沉	形容天色或脸色等阴暗。如： ① 天空阴沉沉的，像要下雨。② 她脸上阴沉沉的，一点儿笑容也没有。
湿漉 (lù) 漉	形容潮湿的样子。如： 没有太阳，晾了一天的衣服还是湿漉漉的。
狼狈 (lángbèi)	形容困苦或尴尬的样子。如： 今天外出遇到大雨，弄得十分狼狈。
另一半	比喻配偶，丈夫或妻子。如： 我这辈子最幸运的事就是找到了我的另一半，和我贤惠的妻子结了婚。

心思	(1) 念头，想法。如： 你又在动什么坏心思？是不是又想骗人？ (2) 想做某事的心情。如： 我最好的朋友生病了，我现在没有心思下棋。
麦收	收割麦子。如： 六月天是麦收的大忙时节。
涝 (lào)	庄稼因雨水过多而被淹（跟旱〈hàn〉相对）。如： 一连下了几天大雨，庄稼都涝了。
牵	某人或某物的变化总是引起相关的人的关心。如： 出门在外的孩子总是牵着父母的心。
山洪 (hóng)	因下大雨或积雪融化，由山上突然流下来的大水。如： 连日的大雨使得山洪暴发，道路都被冲坏了。
阳光明媚 (mèi)	阳光鲜明可爱。如： 今天阳光明媚，真是个好天气。
彩虹 (hóng)	由七种颜色构成的天气现象，一般雨后天晴时出现在和太阳相对的方向。如： 大雨过后，一道美丽的彩虹挂在天上。

一、用课文中的词语表达

1. 今天气温高，又没有风，让人很不舒服。

提示：闷

2. 电信公司白天、晚上都有人值班。

提示：昼夜

3. 儿子晚上 12 点才回家，到了家发现妈妈脸上一点笑容也没有。

提示：阴沉沉

4. 我正要买东西的时候才发现忘了带钱包，只好尴尬地把东西还给人家。

提示：狼狈

5. 快放假了，大家都没有心情好好学习了。

提示：心思

6. 大家都惦记着生病住院的同学。

提示：牵

二、用课文中的句型表达

1. 大家都说……这是因为……

例句：大家都说伦敦人热衷于谈论天气，这是因为伦敦的天气变化无常。

(1) 现在冬天不像以前那么冷了，因为世界气候正在变暖。

(2) 我们班这次考试的成绩比较好，因为考试题目比较容易。

2. 说 V 就 V

例句：刚才还是艳阳高照，一会儿就乌云密布，倾盆大雨说来就来。

(1) 这个孩子脾气很坏，动不动就哭。

(2) 她俩晚上聊天时谈到西湖的景色很美，第二天就去杭州了。

3. 到时候……怎么样？

例句：到时候大家跟我去伦敦旅游怎么样？

(1) 你们来我家玩儿吧，来的时候我请客。

(2) 咱们去日本旅游吧，去的时候可以吃正宗的生鱼片。

4. 为了……要……

例句：冬季去漠河为了防止冻伤要穿暖棉内衣、皮衣，帽子要过耳。

(1) 来中国留学要买汉语词典。

(2) 想和女朋友结婚就要努力工作挣钱。

5. 跟……似的

例句：满大街都是急着招手打车的人，我们挣钱就跟捡钱似的。

(1) 他像饿狼一样一顿吃了三碗米饭。

(2) 她把这张钱放在手里反复看，好像从来没见过。

6. 虽然……可总比……

例句：虽然有时候拉不着客人心里急，可总比出点儿意外什么的强多了吧？

(1) 他对现在的女朋友不满意，但是有女朋友比没有好。

（2）这个工作不理想，但是有工作就比失业强。

7. ……也好……也罢

例句：风也好，雨也罢，生活不可能每天都阳光明媚。

（1）升官和发财都不是我的人生目的，只要每天都过得高高兴兴的比什么都强。

（2）吃药和打针都治不了他的心病。

三、思考与讨论

1. 有人不喜欢阴雨天，认为阴雨天容易心情不好，也有人觉得雨天很浪漫，你怎么看这个问题？
2. 生活不可能每天都阳光明媚，你认为应该怎样对待人生的风雨？
3. 介绍一个你喜欢的季节。

对话性口语课文
◎这个冬天不太冷◎

张强：终于下雪了，这才像个冬天嘛。气象专家说今年入冬比往年晚了半个月，该冷的时候不冷，天气可真够反常的了。

李娜：你就那么喜欢冬天吗？我可是怕冷，晚上睡觉时钻进冰凉的被窝儿里，冻得直打哆嗦。

张强：现在的冬天哪儿有以前冷？我记得小时候穿着我妈缝的厚厚的棉袄、棉裤，手脚还经常生冻疮，那时候可真遭罪。

李娜：是呀，你一说我也想起来了，我们老家以前经常下大雪，早上一起来就大雪封门，出都出不去。现在可倒好，刚飘几个雪花人们就激动地拿着相机冲出去，还美其名曰照雪景。

张强：就是，现在冬天就是不太正常。就说昨晚我睡觉的时候，居然听见蚊子嗡嗡叫，一巴掌打上去，你猜怎么着？还有血呢！这是什么鬼天气？大冬天蚊子都冻不死。

李娜：你别逗了，说得跟真的似的。

张强：我骗你干什么？你不信可以去问我老婆。我儿子去年冬天还告诉我，他们几个小孩儿大年三十还发现湖边有很多野鸭，天气暖和得连野鸭都不肯往南飞了。再这样下去，我担心北极都会化掉。

李娜：不见得吧，你越说越离谱儿了，没那么严重。

张强：一点儿也不离谱儿。你不觉得吗？这两年又是非典①又是禽流感②，闹得人心惶惶的，肯定也和全球气候变暖有关系。

李娜：非典不是和野生动物有关系吗？怎么和天气也扯上了？

张强：当然。表面看好像不沾边儿，其实都和环境有关系。我们总是过量使用能源，破坏自然。再这样下去说不定我们也会像恐龙一样灭绝了呢！

李娜：天哪，我快被你吓死了。看来这鬼天气还真挺麻烦的。

张强：是啊。所以我决定以后要做一个环保主义者！不是我思想高尚，我是为了自己和后代可以享受风调雨顺的好天气。

李娜：你不会是三分钟的热度吧？我可是一直看着你啊！

张强：你还别不相信我，我这人没别的好处，就是说到做到。怎么样，你别看热闹，和我一起参加环保活动吧？

李娜：没问题！我永远是你的支持者！

词语例释

被窝（wō）儿	为睡觉叠成的圆筒形的被子。如： 他躺在被窝儿里不愿起来。
哆嗦（duōsuo）	因受外界刺激而身体不由自主地颤动。如： 大冬天的这个爱美的姑娘只穿一件小裙子，站在那儿冻得直哆嗦。

---

① 非典：SARS，即非典型性肺炎，一种致命的、传染性很强的传染病，2003年春天曾在中国等亚洲国家流行。

② 禽流感：由鸟类引起并传播的一种致命的、传染性很强的流行性感冒，鸟类和人类感染以后极易死亡。

冻疮（chuāng）	皮肤因受低温损害而发生溃烂的疾病。如： 她的手脚一到冬天就容易生冻疮。
封	严密盖住或关住使不能通行或随便打开。如： 这里一到冬天就会大雪封山，直到来年春天外面的人才可以进山。
美其名曰（yuē）	给它起一个优美的名字叫……。如： 他自己做了一个菜觉得挺得意，还美其名曰正宗中华料理。
巴　掌	手掌。如： 她乐得直拍巴掌。
离谱（pǔ）儿	说话或做事不合公认的准则。如： 她说她减肥的时候三天减了20斤，这也太离谱儿了。
人心惶（huáng）惶	形容人们都恐惧不安。如： 听说自来水的水源受到污染，市民们人心惶惶，纷纷出门采购矿泉水。
扯	(1) 拉。如： 男朋友没等她说完扯着他就走。 (2) 漫无边际地闲谈。如： 你们下课都不回家在这儿闲扯什么？ (3) 指话题主动涉及到某方面的内容。如： 你们俩的事和我无关，别扯上我。
沾（zhān）边儿	接近事实或事物应有的样子。如： 你的回答跟答案一点也沾不上边儿。
恐　龙	远古时代的一种爬行动物，种类很多，大的长达几十米，小的不足一米，早已经灭绝了。如： 这个孩子对科普知识很感兴趣，尤其着迷于恐龙灭绝之谜。

风调 (tiáo) 雨顺	风雨适合农业生产。如： 今年气候适宜、风调雨顺，农业生产一定会取得大丰收。
三分钟的热度	比喻做事没有恒心，坚持不了很长时间。如： 你说你想学习德语，不会又是三分钟的热度吧？

表达拓展   "怀疑"的表达法

在课文中，用到了几个"怀疑"的表达法。如：

1. 你别逗了，说得跟真的似的。

对别人说的话表示怀疑，不相信对方说的话，以为对方在开玩笑。比如课文中李娜听张强说大冬天家里还有蚊子，李娜不相信，就说："你别逗了，说得跟真的似的。"再如：你说咱们班的黄俊荣在韩国是有名的大明星？你别逗了，说得跟真的似的。他长得还没有我帅呢！

2. 不见得吧，你越说越离谱儿了。

对别人说的话表示怀疑，不相信对方说的话，认为对方说的与实际情况差别很大。比如课文中李娜听张强说他担心北极都会化掉，就说："不见得吧，你越说越离谱儿了，没那么严重。"再如：你说离婚的人寿命都短，这可不见得吧，你越说越离谱儿了，离婚和长寿有什么关系？

3. 你不会……吧？

这个用法表示怀疑对方一定会发生某种事情。比如课文中李娜听张强说他要做一个环保主义者，就问他："你不会是三分钟的热度吧？"再如：你发现老公端上餐桌的菜量特别少，你表示怀疑，就问他："你不会把菜都偷吃了吧？"

除了课文中的用法之外，还有很多"怀疑"的表达法。如：

1. 是不是弄错了？

表示认为这件事做错了，怀疑事情的正确性。如：是不是弄错了？我刚到这儿，什么人也不认识，不可能有人来找我。

2. 你没蒙我吧？

表示说话人认为可能受到了对方的欺骗，从而表示怀疑。如：你真的今天晚上要请我去蓬莱春饭店吃饭吗？你没蒙我吧？

3. ……真让人起疑心。

表示说话人产生了怀疑的想法。比如：他平时是有名的小气鬼，连买糖请客都不愿意，今天却说要请大家去五星级酒店吃西餐，这可真让人起疑心。

4. 这事儿能成吗？

表示说话人对事情是否能取得成功表示怀疑。如：她说她想联系韩国的LG公司在开发区投资设厂，这事儿能成吗？

5. 这样做行得通吗？

表示说话人对对方做事的方法产生了怀疑。如：你打算结婚的时候不请父母参加，这样做行得通吗？

6. 你说的有没有水分？

表示说话人认为对方夸大了事实，对方说得太夸张了。如：你说石锅拌饭是天下第一大美味，吃了以后还能美容、减肥，你说的有没有水分？

7. ……，我心里一直犯嘀咕（dígu）。

表示说话人对人或事情表示猜测、怀疑。如：他这个人做事粗心大意的，这件事这么重要，交不交给他去做，我心里一直犯嘀咕。

一、用正确的语气语调朗读下列句子

1. 我可是怕冷，晚上睡觉时钻进冰凉的被窝儿里，冻得直打哆嗦。

2. 我记得小时候穿着我妈缝的厚厚的棉袄、棉裤，手脚还经常生冻疮，那时候可真遭罪。

3. 现在可倒好，刚飘几个雪花人们就激动地拿着相机冲出去，还美其名曰照雪景。

4. 昨晚我睡觉的时候，居然听见蚊子嗡嗡叫，一巴掌打上去，你猜怎么着？还有血呢！

5. 几个小孩儿大年三十还发现湖边有很多野鸭，天气暖和得连野鸭都不肯往南飞了。再这样下去，我担心北极都会化掉。

6. 这两年又是非典又是禽流感，闹得人心惶惶的，肯定也和全球气候变暖有关系。

7. 我们总是过量使用能源，破坏自然。再这样下去说不定我们也会像恐龙一样灭绝了呢！

8. 我决定以后要做一个环保主义者！不是我思想高尚，我是为了自己和后代可以享受风调雨顺的好天气。

二、用课文中的词语或句型表达

1. 儿子不听话，气得爸爸身体不由自主地颤动。
   提示：哆嗦

2. 最近郑州地区因为下大雪，道路不能正常通行。
   提示：封

3. 他把自己家吃不了的东西送到父母家，还自夸是孝顺父母。
   提示：美其名曰

4. 这个地方气候炎热，一年下不了一滴雨不说，连喝的水都是苦的，这个地方真糟糕。
   提示：鬼……

5. 我骗你干什么？你问问我老婆就知道了。
   提示：你不信可以去问……

6. 他用已经在冰箱里冻了一个星期的鱼来制作生鱼片，这么做也太不符合做生鱼片的原则了。
   提示：离谱儿

7. 听说最近会闹地震，老百姓们都恐惧不安。
   提示：人心惶惶

8. 你的答案一点都不接近正确答案。
   提示：沾边儿

9. 希望今年的天气能适合庄稼生长，来年让农民们都有个好收成。

　　提示：风调雨顺

10. 我弟弟对做什么事都有兴趣，但是热情维持不了多长时间。

　　提示：三分钟的热度

三、用"怀疑"的表达法说说下列情景

1. 孩子说他放学以后留在学校里写作业，你不相信。

2. 他们怀疑你最要好的朋友是小偷，你不相信。

3. 朋友告诉你，学校里最漂亮的姑娘喜欢你，你认为他在骗你。

4. 你的同屋打算只花 3000 块美金去环游世界一次，你怀疑这件事不会成功。

5. 张强说他不打算跟老师请假就偷偷回国一趟，你怀疑这么做不合适。

6. 李娜说这种药什么病都能治，从感冒到癌症都有效果，你觉得他的话夸大事实。

四、思考与表演

1. 朋友们聚在一起聊天，谈论自己喜欢的季节。

2. 今天是个阴雨天，有人说自己因为天气的原因心情不好。下课以后大家谈论心情和天气的关系。

3. 丈夫说要带全家去南极旅游，妻子和儿女们表示怀疑。

4. 一位同学打算在两年中学好汉语、找到好工作、找到理想的女朋友、结婚成家、生孩子，同学们都不相信。

第二课

走遍万水千山

听力课文
◎ 一、我的黄山之旅 ◎

词语例释

跟　团	参加、跟着旅游团去旅游。如： 这次放假，我们家报个旅游团，跟团去游香港怎么样？
约　束	限制，使不超出范围。如： 在大公司工作每天必须穿正装，太受约束了。
油　菜	一种油料作物，花黄色，种子可以榨油。如： 田里大片油菜花盛开，无数只蜜蜂在忙碌着采集花蜜。
缆 (lǎn) 车	用钢索在两地之间架起空中通道，其上装有车厢或坐椅，运送人或货物。如： 现在游览泰山可以直接坐缆车到山顶。
云　海	从高处往下望时，看到的像海一样的云。如： 在黄山、泰山这样的名山可以看到云海和日出。
仙 (xiān) 境	神仙居住的地方，比喻景色优美的地方。如： 九寨沟的美景像仙境一样。
简陋 (lòu)	房屋、设备等简单、不完备。如： 我家比较简陋，真不好意思请客人来玩儿。

泡 面	方便面。如： 每天吃泡面对身体有害。

练习

一、听后判断

1. 我不跟团旅游不是为了省钱。 （ ）
2. 我认为不跟团自己玩儿比较开心，不受约束。 （ ）
3. 我旅游的时候最经常坐的交通工具是出租车。 （ ）
4. 我在黄山旅游时，在大片大片美丽的油菜花旁照了很多照片。 （ ）
5. 我坐缆车上了黄山的山顶。 （ ）

二、听后选择

1. 说话人是哪一个季节去游览的黄山？（ ）

   A. 春天　　　　B. 夏天　　　　C. 秋天　　　　D. 冬天

2. 说话人的旅游观念符合下列哪种原则？（ ）

   A. 豪华　　　　B. 舒适　　　　C. 节约　　　　D. 时尚

3. 说话人的黄山之旅一共花了多少钱？（ ）

   A. 少于 300 块　　　　　　B. 正好 300 块

   C. 超过 300 块　　　　　　D. 课文中没提到

4. 在黄山上住旅店的时候，说话人吃的是什么？（ ）

   A. 方便面　　　　　　　　B. 小吃

   C. 当地特色风味　　　　　D. 宾馆里的饭菜

三、听后回答

1. 说话人为什么从来没跟团旅游过？

   提示：一是为了……，二是觉得……

2. 说话人为什么喜欢坐公交车旅游？

　　提示：一般的……，而且……

3. 说话人旅游住宿时为什么哪里便宜就住哪里？

　　提示：没办法，……，当然是……

4. 说话人认为黄山美不美？

　　提示：好像……一样，我无法……

5. 说话人认为他的黄山之行开心吗？

　　提示：太……了，够记……了

四、听后思考

　　1. 黄山的哪些美景感动了说话人？他在黄山上的住宿和吃饭情况怎么样？

　　2. 介绍一次你自己难忘的旅行。

　　3. 介绍一下你们国家有名的山。

听 力 课 文

◎二、在中国坐火车旅行◎

词语例释

现代化	具有现代先进科学技术水平的。如：城市的郊区新建了很多现代化的大工厂。
清洁	非常干净，没有脏东西。如：姑娘住的屋子一般都很清洁。
整体	相对于各个部分的整个事物的全部。如：市政府对城市建设进行了整体规划。

相差无几	差别很小，几乎没有什么差别。如： 这两种电脑的质量都很好，价钱也相差无几。
小憩（qì）	书面语，短时间的休息。如： 他喜欢中午小憩片刻。
片　刻	极短的时间，一会儿。如： 咖啡马上就好，请你稍等片刻。
嚼（jiáo）	用靠里的上下牙齿咬并且磨食物。如： 牛肉煮得太老，嚼不动。
惬（qiè）意	满意、称心、舒服。如： 夏日的树荫下凉风吹来，十分惬意。
地　段	地面上的一段地方。如： 市中心的繁华地段房价很贵。
行　程	出行的路程，指道路的远近。如： 这次旅游，行程两万多公里。
诸（zhū）多	许多（多用于抽象事物）。如： 停水给居民的生活带来诸多不便。
绝佳（jiā）	绝好，非常好。如： 从泰山的山顶望下去，风景绝佳。
无　尽	没有尽头，没完没了。如： 失恋给他带来了无尽的烦恼。

练习

一、听后判断

1. 在中国，旅游的时候我喜欢坐火车，因公出差我愿意坐飞机。　（　　）

2. 在中等距离的行程上，如果按照从家到目的地总共所需时间来算的话，

中级汉语听说教程　下册

火车能赶得上飞机。 （　　）

3. 我在中国多次坐火车出行，从未失望过。 （　　）

4. 在中国，火车上人们通常都不愿意你在他们身边小憩片刻。 （　　）

5. 坐火车旅行的一个优点是，火车站通常建在城市中心地段，因此你不必像乘飞机时那样，开一小时车到偏僻的飞机场。 （　　）

二、听后选择

1. 说话人没有提到中国最现代化的 Z 型列车和大多数欧洲火车相差无几的方面有：（　　）

   A. 服务水平　　　B. 清洁标准　　　C. 整体印象　　　D. 拥挤程度

2. 以下哪个方面是欧洲火车的特点？（　　）

   A. 火车站有安全检查

   B. 火车上没有开水机

   C. 旅客旅行时自带茶杯

   D. 人们通常都不会介意你在他们身边小憩片刻

3. 课文中没有提到人们在火车上做的事情有（　　）

   A. 嚼零食　　　B. 用餐　　　C. 聊天、打牌　　　D. 听音乐

4. 乘火车旅行的不利因素是（　　）

   A. 票价　　　B. 速度　　　C. 出行体验　　　D. 车厢气氛

三、听后回答

1. 乘坐最现代化的 Z 型列车给说话人留下了什么样的印象？

   提示：无论……都……

2. 人们经常在火车上干什么？

   提示：有的……有的……有的……

3. 在中国，车厢里的气氛怎么样？

   提示：总的来说

4. 中国和欧洲的火车票价有什么差别?

提示: ……比……

四、听后思考

1. 在中国坐火车旅行有哪些优点?

2. 旅游的时候都可以乘坐哪些交通工具? 你喜欢哪一种?

叙述性口语课文
◎ 走出家门看世界 ◎

赵先生, 25岁, 自由职业者

我喜欢一个人无拘无束地四处游逛, 用个时髦的词来说就是自助旅游。我们这些背包族旅行的时候对吃的住的都不太在乎, 只带够用的衣服和必需品, 塞一塞, 一个背包就可以出门了。我们真正喜爱的是大自然、人文古迹、风土人情、美食和艺术, 对旅行途中的所见所闻都充满了好奇心, 用眼睛去看、用耳朵去听、用声音去沟通、用心去感受这奇妙的世界。恋爱的时候, 我会选择自助旅游的方式来考验两个人的感情, 因为旅行的时候可以完完全全看到对方最真实的一面。

钱先生, 30岁, 杂志社编辑

今年春天, 我去了杭州。杭州因为有西湖而被称为"天堂"。在西湖边散散步, 醉人的春风迎面吹来, 湖边随处可见游人拍照留念, 很多情侣也在湖边谈情说爱。在这里, 城市与水, 人与自然完美地结合在一起, 湖边到处都是饭馆、茶馆、酒吧和博物馆。租一辆自行车沿湖边转一圈, 是一种既浪漫又悠闲的享受, 还在不经意间锻炼了身体。骑累了就找家幽静的茶馆喝杯刚上市的龙井茶, 肚子饿了就去楼外楼菜馆吃正宗的西湖醋鱼和龙井虾仁, 生活真是惬意极了。当然如果能幸运地结识一个迎面走来的杭州美女, 下半生的生活可能会是另外一种样子!

孙先生，65 岁，退休教师

刚一入冬，孝顺的儿女就给我们老两口报了海南双飞六日游的旅行团。到了海南，我们每天 8 点左右就要出发，坐着旅游车东奔西跑，一直到晚上 8 点左右回到宾馆，旅程很劳累。一圈儿转下来，虽然由于导游的讲解了解了一些典故和风土人情，但一是时间安排得太紧，想看的不能仔细看，不想看的看了一堆；二是导游安排了很多购物活动，听说是为了得到一些回扣。这些情况让人挺扫兴的。我希望专为老年人安排的旅游项目可以根据老人的身体情况放慢行程，让大家轻松地走，舒心地看，不要这样走马观花。这几年有些旅行社专门推出了夕阳红项目①、纯游团②，我就挺赞成的，应该大力推广。

李先生，37 岁，公司老板

我这一辈子最难忘的事大概就是一个人开车去了趟西藏。没有太多的准备，也就是上网查了一下大概的路线、天气等，我就出发了。历时 8 天，行程 4000 多公里，我终于到了拉萨——我心中的圣地，实现了我独自驾车游西藏的梦想。我想我战胜了自己，以后还有什么事情会难倒我呢？不过，现在回想一下，我也有些后怕，我当时应该做好充分的准备再出发，比如应该打印出详细的行车路线图，搞清楚在哪里转弯，在哪里上高速，从哪个出口下高速，全程大约的长度、所需时间等等。还应该带上墨镜和防晒霜。如果是新手，最好不要在晚上开车，因为看不清标志牌，很容易迷路。还有就是千万不要开快车，不幸被警察抓住了，拿了超速的罚款单就麻烦了。

周女士，43 岁，旅行社经理

随着中国经济的发展，富裕起来的人们开始向往外面的世界，渴望通过出门旅游开阔眼界、增长见识。这样，旅游逐渐成为一种时尚的休闲方式，很多人甚至走出国门环游世界。可是，我国最早实行黄金周休假制度的时候，人们一窝蜂地涌向热点景区，火暴的旅游大潮产生了许多麻烦，很多人不能及时买到回家的票，还有些人找不到宾馆而露宿街头，开心的旅游变成了活受罪。现在呢，经过几年的调整，很多人出门之前都会制定详细的旅行计划，避开出游高峰，去人少的地方，变长线游为短线游，找旅行社参加省心、省力、省钱的旅行团。人们的旅游观念开始趋向理性。

---

① 夕阳红项目：专门为老年人安排的，适合老年人特点的旅游项目。
② 纯游团：纯粹旅游，不安排购物活动的旅游团。

金敬仁，22岁，韩国留学生

我们是十个同班同学一起去北京旅游的，出发以前我们做了精心的准备，大家按照韩国的惯例把旅游费都交到我这儿，因为我是班长，也是同学们的大哥，大伙信任我。谁知到了北京我们去参观八达岭长城的时候，我惊出了一身冷汗——放钱的包忘在出租车上了！没有了钱，我们只好求北京的同学收留我们住宿，一个女同学把留在身上准备买影碟的钱贡献出来，去肯德基给每个人买了两个汉堡包，至于回家的车票嘛，省了，我们是逃票回来的，没有座位坐，我的脚都站肿了。回到学校，我们又累又饿。这真是一次刻骨铭心的旅游啊！

词语例释

无拘 (jū) 无束	不受任何约束，形容自由自在。如： 每天在办公室辛勤工作，真想出门无拘无束地旅行一次。
不 经 意	不注意，不留神。如： 考试的时候，稍不经意，就会出错。
典 故	文章里引用的古书中的故事或词句。如： 蓬莱阁为什么这么有名？有什么典故吗？
风土人情	一个地方特有的自然环境和风俗习惯的总称。如： 旅游的时候，人们总是对当地的风土人情有强烈的好奇心。
回扣 (kòu)	替单位或别人买东西的人向卖东西的人要的钱，实际上是从买东西的人所花的钱中扣出的，所以叫回扣。如： 这次你替公司买办公用品拿回扣了没有？
扫 兴	正当高兴的时候遇到不愉快的事情而失去了兴致。如： 我们正在商量如何办婚事，他却说有个朋友离婚了，真扫兴。

走马观花	比喻不仔细地、大概地观察事物。如： 由于时间比较紧，我们只能走马观花地看一看了。
后 怕	事后感到害怕。如： 想起那天差一点儿被车撞倒的事，现在还有些后怕。
标 志 牌	马路旁边标明方向、地点等的牌子。如： 开车旅游的时候一定要看清路旁的标志牌。
开阔眼界	使眼界开阔，扩大所见事物的范围，增长见识。如： 旅游可以开阔眼界，增长见识。
火 暴	① 旺盛，热闹，红火。如： 刘德华的演唱会场面火暴。 ② 暴躁，急躁。如： 这个人脾气火暴。
露 (lù) 宿街头	没有房间，在街上住宿。如： 天冷了，流浪汉露宿街头，十分可怜。
活 受 罪	（夸张）活着而遭受苦难，表示抱怨或怜悯。如： 要我这不会唱歌的人来表演节目，简直是活受罪。
逃 票	故意不买票，多指乘车、船等。如： 抓住逃票的旅客，按照规定要双倍罚款。
刻骨铭(míng)心	比喻牢记在心上，永远不忘。如： 她一辈子都会记得这场刻骨铭心的初恋。

练习

一、用课文中的词语表达

1. 我喜欢过没有人约束、没有人管的生活。

提示：无拘无束

2. 汉语是连接中外文化的桥梁。

　　提示：沟通

3. 每天都和中国朋友说话，不知不觉就学会了汉语。

　　提示：不经意间

4. 我们必须买这家公司的产品，因为领导拿了他们的好处费。

　　提示：回扣

5. 真没劲，我刚进电影院，电影就结束了。

　　提示：扫兴

6. 出门旅游可以增长知识，看到以前看不到的东西。

　　提示：开阔眼界

7. 带着 5 个月的婴儿挤火车回老家，大人孩子都遭了很多罪。

　　提示：活受罪

8. 初恋是一辈子都难以忘记的回忆。

　　提示：刻骨铭心

二、用课文中的句型表达

1. 最……的一面

　　例句：情侣一起旅游可以看到对方最真实的一面。

　　（1）只有来中国留学，才能看到真正的中国。

　　（2）举行晚会的时候，姑娘们都把自己打扮得很漂亮。

2. 如果能……可能会……

　　例句：如果能幸运地结识一个迎面走来的杭州美女，下半生的生活可能
　　　　　会是另外一种样子！

　　（1）要是买彩票中了大奖的话，我想去环游世界。

（2）要是能发明治癌症的特效药的话，就会挽救不少癌症病人的生命。

3. 一是……二是……

例句：跟团游的缺点一是时间安排得太紧，想看的不能仔细看；二是导游安排了很多购物活动，浪费时间。

（1）有的人不愿去饭馆吃饭，嫌饭馆的菜价格太贵，还有就是有的饭馆卫生条件太差。

（2）春节旅游的缺点是天气太冷，容易冻感冒，再一个就是出门探亲的人太多，不好买车票。

4. ……惊出了一身冷汗

例句：旅游的时候钱包丢了，我惊出了一身冷汗。

（1）在新华书店里我光顾着自己看书，突然发现女儿不见了。

（2）过马路的时候，一辆面包车从我身边飞快地擦了过去。

三、思考与讨论

1. 介绍一次你最喜欢的、最难忘的旅游。
2. 介绍一次最让你不愉快的旅游。
3. 你认为世界上最值得旅游的地方是哪里？为什么？

对话性口语课文

◎ 儿行千里母担忧 ◎

儿子：妈妈，我要和同学们一起去桂林玩儿。给我点儿旅游费吧。

妈妈：和谁一起去？没有大人跟着吗？

儿子：和班里三个要好的同学一起，我们都长这么大了，不用大人陪着，给我个锻炼的机会吧。

妈妈：你们打算怎么去？要去多长时间？

儿子：坐火车，去的时候坐硬座，回来的时候要是玩儿累了争取买张硬卧票。也去不了多长时间，连去带回也就差不多一个星期吧。

妈妈：你们这些孩子是不是头脑发热？来，好好说说你都做了哪些准备。

儿子：我们上网查了资料，画了详细的旅行计划图，列出了要游览的景点。我还知道当地的美食和特产，回来时一定给您买一点儿，快给我钱吧。

妈妈：行李准备好了吗？住宿问题怎么解决？是不是应该提前预定好宾馆？

儿子：行李简单，不就是带点儿换洗的衣服吗？至于宾馆，您倒是提醒了我，我们应该早点儿打电话或者上网预定好。

妈妈：唉！小孩子想问题就是简单。除了衣服以外，还应该带上雨伞和手电筒，防止下雨、天黑路滑，另外还应该带点儿常用的药品，万一感冒了怎么办？最重要的是别忘了带手机、充电器、数码相机和身份证。对了，还有路上吃的东西，我去超市给你买吧。

儿子：妈妈万岁！我妈妈是世界上最好的妈妈，又理解我，又心疼我，能做您的儿子我真是太幸运了！

妈妈：少耍贫嘴。这样吧，现金少带点儿，两千块钱够了吗？

儿子：省着点儿够了。

妈妈：我还没说完呢。再带上张银行卡，你是个粗心大意的孩子，万一钱丢了，可以直接用卡去取钱。记住，现金和卡一定要分开放，免得一块儿丢了，那你就真傻眼了。

儿子：您想得真周到，世上只有妈妈好，有妈的孩子像个宝。

妈妈：认真点儿，这不是开玩笑的事儿。看管好自己的东西，别让小偷儿偷了。千万别吃乱七八糟的脏东西，小心传染病。别忘了每天给我打电话报个平安，好让我放心。

儿子：好嘞，没问题，您就把心放到肚子里去吧。

词语例释

| 头脑发热 | 一时冲动，想做或做了不应该做的事。如：
我头脑发热，一下子买了五件便宜的破衣服，现在后悔死了。 |

手电筒 (tǒng)	小型筒状照明用具。如： 天黑出门带上手电筒。
万　岁	（祝愿的话）永远活着，永远存在。如： 妈妈真好，带我去旅游，妈妈万岁。
耍 (shuǎ) 贫嘴	不顾对方是否愿意听而说些无聊或玩笑的话。如： 少耍贫嘴，你女朋友已经生气了。
傻　眼	因出现某种意外情况而目瞪口呆，不知该怎么办。如： 下出租车的时候一摸钱包，没了，他一下子傻眼了。

表达拓展　　"放心"的表达法

在课文中，出现了"放心"的表达法。如：

把心放到肚子里去吧

一般用来表示让对方完全放心。比如课文中的句子：好嘞，没问题，您就把心放到肚子里去吧。再如：我去买火车票，您就把心放到肚子里去吧，保证按时买回来。

除了课文中的用法之外，还有很多表示"放心"的表达法。如：

1. 这下可以放心了

一般的放心的表达法，语气比较直接。如：听说他们已经安全到达了，这下可以放心了。

2. 长舒一口气

形象地说明放心的样子。如：听说考试终于及格了，他长舒了一口气。

3. 心里的一块石头落了地

用来形容愿望实现以后放心的样子，语气较为夸张。如：大学录取通知书拿到手以后，他心里的一块石头才算落了地。

4. 心里踏实了 (/有底了)

用来形容愿望实现以后或心里有数的时候放心的样子。如：直到和女朋友领了结婚证以后他心里才踏实了。再如：考试的时候拿到卷子一看，他心里有底了。

5. 已经胸有成竹了

形容非常有把握、非常放心的样子。如：考试前他不慌不忙的，看来已经胸有成竹了。

一、用正确的语气语调朗读下列句子

1. 和谁一起去？没有大人跟着吗？

2. 我们都长这么大了，不用大人陪着，给我个锻炼的机会吧。

3. 也去不了多长时间，连去带回也就差不多一个星期吧。

4. 你们这些孩子是不是头脑发热？

5. 至于宾馆，您倒是提醒了我，我们应该早点儿打电话或者上网预定好。

6. 少耍贫嘴。这样吧，现金少带点儿，两千块钱够了吗？

7. 好嘞，没问题，您就把心放到肚子里去吧。

二、用课文中的词语或句型表达

1. 别我上哪儿你就上哪儿，你没有自己要做的事吗？
   提示：跟着

2. 我觉得出门旅游应该提前预定好车票和宾馆。
   提示：是不是……

3. 她一时冲动，想去南极旅游。
   提示：头脑发热

4. 天阴阴的，你最好带上雨伞，要是下雨了怎么办？
   提示：万一……

5. 我想去超市买支圆珠笔，还有，家里没吃的了。
   提示：对了，……

6. 爸爸不要求我非考名牌大学，这么理解我，爸爸真好。
   提示：万岁

7. 我现在气得要命，你少在我面前说风凉话。
   提示：耍贫嘴

8. 我带的现金不够，怎么办呢？我想用银行卡付款。
   提示：这样吧……

9. 我一进家门，发现家里被小偷翻得乱七八糟，我愣在那里不知该干什么。
   提示：傻眼

10. 今天吃面条吗？那好吧，我们一起做吧。
    提示：好嘞……

三、用"放心"的表达法说说下列情景

1. 借了朋友的钱以后，让朋友放心自己一定会按时还。

2. 医生告诉病人病情不严重，让病人放心。

3. 考大学以前告诉妈妈自己一定能考上。

4. 向男（/女）朋友保证自己一定不变心，不会提分手的事。

5. 用夸张的表达法表示考上公务员以后的喜悦心情。

四、思考与表演

1. 和同屋一起做出门旅游以前的准备。
2. 丈夫和妻子商量去哪里旅游好。
3. 小伙子向女朋友保证不会再爱上别的女孩子，让女朋友放心。
4. 同学们一起商量乘坐什么交通工具去旅游。

第三课

笑一笑十年少

听力课文
◎一、身动心静人不老◎

词语例释

秘诀 (jué)	能解决问题的不公开的巧妙办法。如： 快点儿告诉我你成功减肥的秘诀吧。
知足常乐	满足于自己当前的生活，心情愉快。如： 你不要过分计较成功与否，要知道知足常乐。
暴饮暴食	吃东西时没有控制，完全按照个人的喜好进行。如： 春节期间，很多人暴饮暴食，结果很多人因此得了胃肠方面的疾病。
慷慨 (kāngkǎi)	大方，不吝啬。如： 对于那些生活困难的人，他总是慷慨大方地帮助他们。

练习

一、听后判断

    1. 爸爸身材高大，虽然瘦但是身体很好。 （ ）

    2. 爸爸在保持健康方面有自己的秘密。 （ ）

3. 爸爸比较吝啬，连儿女们要为他把旧家具换掉都不肯。 （　　）

4. 爸爸订了一份晚报，他每天自己去取。 （　　）

5. 爸爸积极参加各种各样的老年活动。 （　　）

6. 爸爸经常活动手脚，目的是为了不让脑子变老。 （　　）

二、听后选择

1. 关于爸爸的生活，下面哪项是正确的？ （　　）

　A. 相信算命占卜　　　　　　B. 经常练习各种功法

　C. 保持心静身动　　　　　　D. 有健康长寿的秘密

2. 爸爸对"希望工程"慷慨大方，他至少资助了几个学生？ （　　）

　A. 1 个　　　　B. 2 个　　　　C. 3 个　　　　D. 4 个

3. 下面哪个不是爸爸培养健康平和的心态的做法？ （　　）

　A. 知足常乐　　B. 生活吝啬　　C. 心宽如海　　D. 善待他人

4. 关于保持健康，下面哪个不是爸爸的看法？ （　　）

　A. 手要常动　　　　　　　　B. 腿要常走

　C. 脑要常用　　　　　　　　D. 记忆力要常练

三、听后回答

1. 爸爸长什么样子？

　提示：大个头

2. 爸爸的日常生活是怎么样的？

　提示：知足常乐　暴饮暴食

3. 对待金钱，爸爸是怎么做的？

　提示：慷慨大方

4. 对待各种各样的事情，爸爸的态度是什么？

　提示：拿得起放得下　善待他人

中级汉语听说教程　下册

5. 关于爸爸，同事、邻居是什么评价？

　　提示：竖大拇指

四、听后思考

1. 请你大概讲述一下作者的爸爸保持健康的方式。

2. 你认为什么是真正的健康？

3. 你有没有保持健康的秘诀？请谈一下如何才能保持健康。

听 力 课 文

◎ 二、健身要有娱乐的心态 ◎

词语例释

机械 (xiè)	比喻方式死板，没有变化。如： 每天都是预习、复习、查词典，学习方法太机械了。
处 (chǔ) 方	医生给病人开的药方。如： 这些药都必须凭医生开的处方才能去药店购买。
摄 (shè) 取	吸收（营养等）。如： 病人应该多摄取蛋白质等营养物质。
卡 路 里	calorie，热量的计算单位，简称卡。如： 糖的卡路里含量很高，吃糖太多不利于减肥。
陶冶 (táoyě)	比喻给人的思想、性格以有益的影响。如： 多听音乐可以陶冶孩子的性格。
厌 倦	对某种事物失去兴趣而不愿继续。如： 由于厌倦了读书，他很小就出门打工了。

磅秤 (bàngchèng)	秤的一种。如： 已经减了一个疗程了，快站到磅秤上称一称，看你瘦点儿了没有？
按 (àn) 部就班	按照一定的条理，遵守一定的程序。如： 学习汉语应该按部就班，逐渐进步。
宣泄 (xiè)	把心中的不快、烦恼说出来。如： 失恋以后，他没地方宣泄，只能自己流眼泪。
挂　　钩	用来挂东西的钩子。比喻建立某种联系。如： ① 在门后面钉一个挂钩，好挂衣服、帽子什么的。② 这个公司把员工的工资和工作成绩挂钩。
远　　足	比较远的步行旅行。如： 春天来了，我们去郊区远足如何？
瑜伽 (yújiā)	yoga，来自印度的一种健身法，强调呼吸规则和静坐，以解除精神紧张，锻炼身体。如： 很多白领女性喜欢下班以后去练习瑜伽，从而缓解工作压力。

练习

一、听后判断

1. 健身运动就是一种体力劳动，需要出力流汗。　　　　　　　（　　）

2. 现在的运动或者减肥处方，强调规律性与计划性，很有成效，但还有一些缺点。　　　　　　　　　　　　　　　　　　　　　　　（　　）

3. 人们之所以参加健身活动，主要目的是为了得到锻炼或者减肥。

　　　　　　　　　　　　　　　　　　　　　　　　　　　　（　　）

4. 健身的本质是快乐的，这不同于高强度的体育训练。　　　　（　　）

5. 现在，像远足、攀岩等体育活动已融入现代人的生活之中。　（　　）

二、听后选择

1. 根据课文，作者对健身的看法是（　　　）

A. 健身是一种体力活动　　　　B. 健身有游戏娱乐的性质

C. 健身是一种机械单调的劳动　D. 健身是一种减肥方法

2. 下面哪个不是人们参加健身的目的？（　　　）

A. 获得锻炼　　B. 身心放松　　C. 减肥健身　　D. 按部就班地工作

3. 根据课文，下面哪项描述不正确？（　　　）

A. 健身既是一种体育锻炼，又是一种娱乐方式

B. 健身要强调游戏娱乐，不要直接和减肥挂钩

C. 健身要有计划性和规律性，要严格控制运动量和时间

D. 健身会让人的情感得到宣泄，身心得到愉悦

4. 关于现代人从事的体育运动，下面哪项没有提到？（　　　）

A. 瑜伽　　　　B. 拳击　　　　C. 攀岩　　　　D. 垂钓

三、听后回答

1. 健身运动和体力劳动的差别是什么？

提示：游戏娱乐　机械单调

2. 时下的运动和减肥处方，片面强调规律性和计划性，甚至连什么都要记录下来？

提示：摄取的卡路里

3. 买了跑步机不久就厌倦了，多吃一点儿体重就会增加，原因是什么？

提示：不是机器　按部就班

4. 人们为什么参与健身？

提示：情感宣泄　身心愉悦

5. 关于健身，我们应该提倡什么不提倡什么？

提示：回归本质　与……挂钩

四、听后思考

1. 根据课文，很多人对健身的认识存在什么误区？
2. 你参加健身活动吗？你健身的方式是什么？
3. 请你谈一下你对健身的认识。

叙述性口语课文

◎ 健身娱乐为哪般？◎

秦晖，男，28 岁，健身教练

我几年前开了家健身房。开始的时候冷冷清清的，没几个顾客。有人还说，想健身围着操场跑两圈儿不就得了，何必花钱到健身房呢？我听了甭提有多难受了，心里打起了退堂鼓。很多朋友鼓励我，说干什么都必须有第一个吃螃蟹的人，大家观念早晚会改变的。他们帮我想了很多点子，对顾客"量体裁衣"，慢慢地，这生意就火起来了。现在大家都意识到，在健身教练指导下运动和自己胡乱跑几步大不相同。看着越来越鼓的钱包，我自然是美滋滋的，可是更让我高兴的其实是大家健身观念的变化。

林晓培，女，42 岁，公司职员

这岁数真是不饶人啊，一到中年，还真容易发福。我年轻的时候，也算得上是"窈窕淑女"，可是现在，好像喝口凉水都长肉，眼见着就发起福来了。人一胖，各种毛病也都跟着找上门来，我家那口子说我整个就是一个黄脸婆、药罐子。很多熟人见面都认不出我来了，我真是受了刺激，下决心改变自己。我报名参加了健美班，每天跟教练一起跳操，吃饭也严格控制，还真有效，才三个月就瘦了 6 公斤，身体也比以前壮了，我真是尝到了健身的甜头儿。以后我一定要坚持锻炼下去。这女人到了一定岁数呀，就得爱惜自己。

吴敏，男，66 岁，退休工人

我们这代人不容易，工作那会儿，每天起早贪黑，忙得脚不沾地，落下了一身毛病。现在才明白，这人啊，活多大岁数没关系，健健康康的才是最重要的。自己活得舒坦，还不用给儿女添麻烦。我们一大帮子老哥们儿一合计，就成立了一个锻炼小组，天天晨练，晚上还去散步，忙得不亦乐乎。闲下来在一起侃侃大山、打打麻将，或者养养花鸟鱼虫、一起去钓钓鱼什么的，这日子真是过得有滋有味的。还有，遇到什么事儿都要往好处想，不去钻牛角尖，保持个好心情。这样身体和心理才会都健康。

宋可云，女，25岁，软件设计师

干我们这行的，每天差不多有 12 个小时坐在电脑前对着屏幕，不知道累死了多少个脑细胞。为了缓解一下压力，平时下班后，我就打打球、跑跑步，绝对不再碰电脑。晚上也常常去泡吧，什么酒吧、咖啡吧、陶艺吧我都是常客。当然网吧我是绝对不去的。一到周末，我就和朋友们开车出去兜风或者到郊外野炊什么的，彻底放松一下自己。对了，还有一个好地方，我基本上每周都要光顾，那就是舞厅，在那里自由自在地跳出一身大汗，别提多爽了。

齐怡，女，18岁，大一学生

高三的时候，那真是地狱一般的生活，我们就盼着上大学，一心以为上了大学生活就会丰富多彩。可是，这大学转眼就过去一年了，我觉得我们的娱乐生活少得可怜，每天好像除了学习还是学习。周末看看电影，上上网，有时唱唱卡拉 OK，打打牌，好像就没什么别的可做的了。当然，现在就业形势紧张，很多人舍不得把时间浪费在休闲娱乐上，但我总觉得人不是机器，该娱乐就得娱乐。所以我报名参加了好几个社团，什么书法协会、象棋协会、篮球协会，要让我自己充实起来。

山田阳一，男，45岁，商人

我是最早来中国的那批外国人之一。说起中国娱乐的变化，我还是比较有发言权的。我刚来中国那阵子，商店不到 6 点就关门，电影院最晚一场电影也不过是八点半左右。即使待在房间看电视，到 12 点左右所有的电视台就都说再见了。那时每天晚上下班以后同事们都早早回家了，我一个人都不知道该干点儿什么。现在呢，不要说娱乐形式的变化，就说夜生活的时间吧，你看，24小时营业的商店、娱乐场所，午夜场甚至通宵电影，好像一下子都出现了。中国的娱乐业发展真是日新月异啊。

词语例释

甭 (béng)	"不用"的合音，表示不需要或劝阻。如： 这些小事你甭管。
打退堂鼓	指做事中途改变主意或退缩。如： 我本来要参加比赛，但听说高手很多，我心里不禁打起了退堂鼓。
量(liàng)体裁衣	按照身材剪裁衣裳，比喻根据实际情况办事。如： 旅行社量体裁衣，根据不同的年龄设计了不同的旅游线路。
窈(yǎo)窕(tiǎo)淑(shū)女	文静而美好的女子。如： 他的女朋友是位窈窕淑女，很多人都很羡慕他。
舒坦 (tan)	舒服。如： 累了一天以后洗了个热水澡，浑身都舒坦。
合 计	商量。如： 大家合计合计这事该怎么办？
不亦 (yì) 乐乎	原意是"不也是很快乐的吗？"现常用来表示达到极点的意思。如： 他每天东奔西跑，忙得不亦乐乎。
侃 (kǎn) 大山	漫无目的地聊天，闲聊。如： 下了课，他们几个好朋友喜欢凑到一起侃大山。
野炊 (chuī)	在野外烧火做饭。如： 春天来了，小朋友们喜欢去郊外野炊。
光 顾	敬词，客人来到。如： 这家小饭店的老板在顾客离开时常说："欢迎多来光顾。"
爽 (shuǎng)	舒服，痛快。如： 大口喝酒，大块吃肉，真爽啊！

| 通　宵 | 整夜。如：
妈妈为了照顾生病的孩子通宵都没睡觉。 |

| 日新月异 | 每天、每月都有新的变化，形容进步、发展很快。如：
这次回到家乡，他发现家乡发生了日新月异的变化。 |

练习

一、用课文中的词语表达

1. 那个饭店经营得不好，没有顾客。

   提示：冷冷清清

2. 本来报了名，准备参加这次比赛，但听说有很多高手要参加，我又不想参加了。

   提示：打退堂鼓

3. 无论干什么事情都需要有第一个去试验的人。

   提示：第一个吃螃蟹的人

4. 我们老师为了提高每个同学的成绩，想了很多办法，而且还根据每个人不同的特点进行教学。

   提示：点子　量体裁衣

5. 我以前身体很棒，可岁数大了以后经常生病。

   提示：岁数不饶人

6. 我以前长得不错，可是结婚 10 年后，我变胖了，变难看了，而且身体也不好，经常吃药。

   提示：窈窕淑女　黄脸婆　药罐子

7. 我不是不减肥，而是我的身体太容易发胖，少吃也没有用。

   提示：喝口凉水都长肉

8. 爸爸退休以后，开始每天聊天，但这样很无聊，于是和朋友商量了一下，开了一家小吃店，每天很辛苦地工作，但他们很高兴。

   提示：合计 侃大山 不亦乐乎

9. 这个人死脑筋，遇到问题不会灵活处理，真让人头疼。

   提示：钻牛角尖

10. 他经常去那家书店，时间长了老板和他都熟悉了。

    提示：光顾 常客

11. 把所有该处理的问题都处理完了，心情真舒坦。

    提示：爽

二、用课文中的句型表达

1. 甭提有多……了

   例句：那部小说甭提有多好看了。

   （1）昨天的天气非常冷，老人们说从来没有遇到过这么冷的天气。

   （2）女朋友莫名其妙地和我分手了，我十分痛苦。

2. ……不就得了，何必……

   例句：把旧鞋修一修不就得了，何必再花那么多钱买双新的呢？

   （1）遇到问题自己多想一想，查查词典，不需要动不动就去问别人。

   （2）每个人都说一声对不起就行了，不需要找警察评理。

3. ……算得上……，可是……

   例句：我以前也算得上是美女，可是现在老了就不行了。

   （1）我年轻的时候，个子比一般人都高，可是现在的年轻人都长得

中级汉语听说教程 下册

很高。

(2) 在我们班，我的成绩还不错，但要去参加全国比赛，估计我够呛。

4. ……，落下……

例句：我年轻的时候不注意身体，结果落下了一身的毛病。

(1) 我好心好意帮助她，但最后她却说了我很多的不是。

(2) 他是一个跳水运动员，老了以后眼睛不好。

5. 除了……还是……

例句：这里除了石头还是石头，就没看到过一棵草。

(1) 我的业余生活非常单调，每天只能看电视。

(2) 我妈妈不会做饭，我们家整天吃面条。

6. 说起……，……有发言权，……

例句：说起理发，我师傅最有发言权，她能把卷发再分成很多种类。

(1) 我学习过 5 年汉语，积累了丰富的经验，比如词汇，我们就应该这样学习……

(2) 我在中国待了 10 年了，中国好玩儿的地方我差不多都知道。

7. 不要说……，就说……吧，……

例句：不要说高级汉语考试，就说初级吧，她也没有取得好成绩。

(1) 难的问题不用考虑，简单的他都不一定能回答。

(2) 看这本书，不用说内容，光看封面就比较吸引人。

三、思考与讨论

1. 介绍一下你自己的娱乐方式。
2. 你认为什么是比较好的娱乐方式？
3. 请谈一下你们国家和中国的健身娱乐方面有什么不同。

对话性口语课文
◎ 恼人的周末 ◎

爸爸：你在那儿干什么呢？都鼓捣半天了。

妈妈：啊，好不容易到周末了，你没听说吗？居委会今天晚上要举办一个消夏晚会，邀请我们老年女子秧歌队去表演呢。

爸爸：我怎么不知道？你们真能瞎折腾。

妈妈：你消息真闭塞。来来，少废话，帮我看看这身衣服怎么样？妆化得怎么样？

爸爸：哎呀，这都什么呀？你一把年纪了，穿这样一身大红的绸子衣服，也不嫌害臊。还有，看你那脸画的，眼眉那么黑，脸蛋儿那么红，活像猴子屁股。

妈妈：怎么说话呢？有你这么说话的吗？我们队都是这样的装扮，这样才够喜庆。

爸爸：嘁嘁，都这样的装扮？真有你们的，也不怕别人笑话你们是老妖精。

妈妈：算了算了，你这个老封建，和你说也是对牛弹琴，浪费感情。陈刚，陈刚，你过来帮妈妈看看。

儿子：干吗呀干吗呀，光听你们俩吵吵。

妈妈：你爸爸这个老封建，整天就知道待在屋子里看电视、看报纸，外面的事情什么都不知道，早晚要被时代淘汰。

爸爸：你这个人，我怎么就被时代淘汰了？周末在家里了解了解国家大事，有什么不好？不比你们这些老太太天天出去折腾强？

儿子：哎呀，都好都好。你们别吵了，谁爱干什么干什么去，你们在这里净耽误我的事。

妈妈：好好，你们随便，我来不及了，先走了，回来再和你们理论。

爸爸：好小子，敢和你老爸这样说话？你吃了豹子胆了？

儿子：哪敢呀老爸？我这不是心里烦吗？

爸爸：好好的周末你烦什么？

儿子：我刚才在网上录歌呢，想给你们听听，你们偏在那里吵吵嚷嚷的。

爸爸：去去，录你的去吧。看看我们家，这都成什么了？

词语例释

鼓捣 (dao)	反复摆弄。如： 他一边和我说话，一边鼓捣收音机。
消夏	用消遣的方式过夏天。如： 晚上小区要举办消夏晚会。
秧歌 (yāngge)	流行于中国北方农村的一种民间舞蹈。如： 张大妈每天早上都和朋友们一起扭秧歌，锻炼身体。
折腾 (zhēteng)	反复做某事。如： 他把电视机拆了又装、装了又拆，折腾了好几回。
闭塞 (sè)	消息不灵通。如： 老人久不出门，闭塞得很。
害臊 (sào)	害羞。如： 你都这么大了还尿床，真不害臊。
喜庆	值得欢喜和庆贺。如： 今天是他们结婚十周年的纪念日，这真是个喜庆的日子。
妖精 (yāojing)	妖怪，神话中模样奇怪可怕、有妖术、会害人的精灵。比喻以美貌迷人的女子。如： 她破坏别人的家庭当第三者，真是个可恶的妖精。

对牛弹琴	比喻对不懂道理的人讲道理，对外行人说内行话。也用来讥笑说话的人不看对象。如： 你劝这种游手好闲的人努力学习，真是对牛弹琴。

理　　论	辩论是非，争论，讲理。如： 他正在气头上，我不想和他多理论。

表达拓展　"不耐烦"的表达法

本课中用到了很多"不耐烦"的表达法。如：

1. 少废话

表示对别人啰唆的不耐烦，语气强烈，比较无礼。比如课文中的句子：来来，少废话，帮我看看这身衣服怎么样？再如：老头子，少废话，你就说到底给不给吧？

2. 算了算了

表示一种不耐烦的情绪，不希望别人的行为继续下去。比如课文中的句子：算了，你这个老封建，和你说也是对牛弹琴，浪费感情。再如：算了算了，你就别想了，我不问你了，反正问你也是白问。

3. 干吗呀干吗呀（/干什么干什么）

表示说话人不想参加对方的事情。比如课文中的句子：干嘛呀干嘛呀，光听你们俩吵吵。再如：干什么干什么，别来烦我，自己一边玩儿去。

4. 都 Adj/V 都 Adj/V

表示说话人的应付搪塞。比如课文中的句子：哎呀，都好都好。你们别吵了，谁爱干什么干什么去。再如：吃什么？都行都行，别问我，我忙着呢。

除了课文中出现的以外，还有一些"不耐烦"的表达法。如：

1. 行了行了，我知道了

表示说话人对对方的言行表现出极大的不耐烦。如：妈，行了行了，我知道了，你就别再啰唆了。

2. 你怎么这么……（唠叨、多话等）

用不耐烦的口气表达对对方的不满。如：我真让你烦死了，你这个人怎么这么多话？

3. 你到底（/究竟）V 不 V？不 V 就算了

表示对对方犹犹豫豫，不果断行动的不耐烦。如：你都考虑三天了，你到底去不去？不去就算了。

4. 得得（/得了得了）

这个说法类似于前面学过的"行了行了""算了算了"。如：得得，我算是服了你了，别再说了，我按照你的意思办就是了。

5. 一边待着去（/凉快去）

表示说话人对别人干扰自己的事情的不耐烦。如：你少管我的事，我自己知道怎么办，用不着你在这里说三道四，一边待着（/凉快）去。

6. 还要等到什么时候（/我都快等到白头了）

表示说话人对过长时间地等待对方的不耐烦。如：快点儿吧，还要我等多久？我都快等到白头了。

7. 我的耳朵都起茧子了

表示对对方多次唠叨的不满。如：你还有完没完？我耳朵都起茧子了。

一、正确的语气语调朗读下列句子

1. 你没听说吗？居委会今天晚上要举办一个消夏晚会，邀请我们老年女子秧歌队去表演呢。

2. 我怎么不知道？你们真能瞎折腾。

3. 哎呀，这都什么呀？你一把年纪了，穿这样一身大红的绸子衣服，也不嫌害臊。

4. 真有你们的，也不怕别人笑话你们是老妖精。

5. 你这个人，我怎么就被时代淘汰了？

6. 好小子，敢和你老爸这样说话？你吃了豹子胆了？

7. 看看我们家，这都成什么了？

二、用课文中的词语表达

1. 你朋友自己待在房间半天了，不知道在干什么。

   提示：鼓捣

2. 大学毕业后，儿子有工作不好好干，又做生意，又开公司，妈妈觉得他是在不务正业。

   提示：瞎折腾

3. 这个小山村非常偏僻，外面发生了什么事情村里人都不知道。

   提示：闭塞

4. 一个年轻人要抢老人的钱，老人和他讲道理，他不耐烦地让老人住口。

   提示：少废话

5. 他因为不好意思，脸红红的，你取笑他。

   提示：活像猴子屁股

6. 你同学经过刻苦努力，由原来的差生变成了班里数一数二的高才生。你很佩服他。

   提示：真有你的

7. 他对音乐一窍不通，你和他讲了半天音乐理论，他听得是莫名其妙。

   提示：对牛弹琴

8. 那个学校乱收费，而且还不承认错误，你生气地要和他们讲理，要分清谁对谁错。

   提示：理论

9. 这个刚来的新职员居然敢和领导吵架，大家都觉得他胆子真大。

   提示：吃了豹子胆

三、用"不耐烦"的表达法说说下列情景

1. 你来中国之前，妈妈反复嘱咐你要注意的事情，你有点儿不耐烦了。

2. 你在看书，妹妹非要让你看一下她和弟弟谁画的画儿好。

3. 你正在睡觉，同屋不断地叫你起来去上课。

4. 你和同学商量去旅游的事，但是他一会儿说去一会儿说不去，犹豫不定。

5. 女朋友说等她化好妆就出发，但是你都等了一个多小时了，她还坐在镜子前。

6. 你和同事们商量事情，但是你的孩子时不时地来插嘴，发表他的意见。

7. 你给一个同学讲解一道难题，但是他怎么也学不会。

8. 你朋友希望你能接受他的意见，一遍遍向你解释。你烦死了。

四、思考与表演

1. 周末你一般干什么？你的家人和朋友们呢？

2. 你认为老年人应该拥有什么样的娱乐生活？谈谈你们国家老年人的娱乐生活。

3. 晚上家人在一起看电视，大家对选择电视节目发生了争执。表演一下当时的情景。

4. 你年龄不小了，回家的时候爸爸妈妈多次劝你赶快结婚，你很不耐烦地和他们谈话。请模拟一下当时的情景。

第四课

千里眼，顺风耳

听 力 课 文
◎ 一、珍贵的电话卡 ◎

词语例释

抽　屉	桌子、柜子等家具中可以抽拉的盛放东西的部分。如： 我把抽屉都找遍了也没找到火车票。
安然无恙	平平安安，没有受到任何损伤。如： 虽然发生了严重的交通事故，但幸运的是坐在车里的人都安然无恙，没有受伤。
赏心悦目	因欣赏美好的情景而心情舒畅。如： 上课时，陈老师写的字既清楚又漂亮，看上去真让人觉得赏心悦目。
障　碍	阻挡前进的东西。如： 我已经在中国待了5年了，和中国人交流基本上没有什么障碍了。
油然而生	形容思想感情自然地产生。如： 看到老师认真地备课、批改作业，一种尊敬的感情油然而生。

中级汉语听说教程　下册

51

不解之缘	不能分开的缘分，指亲密的关系或深厚的感情。如：我虽然是个外国人，但几乎在中国生活了一辈子，我和中国真是有不解之缘。

瞬　间	转眼之间，很短的时间。如：飞机瞬间就飞上了天空。

一、听后判断

1. 作者喜欢玩扑克牌，所以费力收藏了很多。　　　　　　　　　（　　　）

2. 在上高中以前，作者从来没有接触过电话卡。　　　　　　　　（　　　）

3. 上高中是作者第一次独立生活，所以尽管有水土不服等问题，但是心情很兴奋。　　　　　　　　　　　　　　　　　　　　　　　　（　　　）

4. 每次看到电话卡上面优美的图案，作者都能想起自己的妈妈为自己准备行李时的情景。　　　　　　　　　　　　　　　　　　　　　（　　　）

5. 作者通过电话卡和家人、朋友们联系，感到生活很温暖。　　　（　　　）

二、听后选择

1. 作者不丢掉电话卡的原因是（　　　）

　　A. 电话卡可以当扑克牌用　　　B. 电话卡有收藏价值

　　C. 电话卡记录了他的情感　　　D. 电话卡赏心悦目

2. 关于作者去县城读高中，下面哪个说法是错误的？（　　　）

　　A. 那是作者第一次离开家乡　　B. 作者感到有很多方面的困难

　　C. 作者第一次打电话　　　　　D. 作者有时感到孤独痛苦

3. 关于第一张电话卡，下面那个描述是不正确的？（　　　）

　　A. 电话卡很漂亮　　　　　　　B. 电话卡很容易买到

　　C. 电话卡的画面是关于母亲的　D. 电话卡让作者想家

第四课　千里眼，顺风耳

4. 作者没提到用电话卡给谁打电话？（　　　）

　　A. 家人　　　　　　　　　B. 朋友

　　C. 儿子　　　　　　　　　D. 老师

三、听后回答

1. 作者是怎么保存他收藏的电话卡的？

　　提示：历经"大扫除"　安然无恙

2. 作者为什么珍爱他的电话卡？

　　提示：赏心悦目　记载……点点滴滴

3. 刚到县城读高中时，作者有什么困难？

　　提示：水土不服　障碍

4. 作者是怎么描述他买第一张电话卡时的情景的？

　　提示：排"长龙"　二话没说

5. 看到第一张电话卡上关于母亲的画面，作者的感觉是什么？

　　提示：油然而生

6. 从用了第一张电话卡后，作者和电话卡有了什么关系？

　　提示：结下不解之缘

四、听后思考

1. 你了解中国的电话卡吗？你觉得中国的电话卡怎么样？

2. 你第一次离开家的感觉怎么样？

听 力 课 文
◎ 二、沉迷网络危害多 ◎

词语例释

沉 迷	对某种事物深深地迷恋。如： 老张最近沉迷于打麻将，一打就是一整夜。
眼 下	目前。如： 眼下正是农忙时节，农民们都在地里辛勤劳动。
针 对	对准。如： 我们要针对儿童的心理特点进行教育。

练 习

一、听后判断

1. 一直以来，沉迷网络都是引起青少年心理问题的重要原因。　　（　　）
2. 由于沉迷网络而引起心理问题的大学生约占 10% 左右。　　（　　）
3. 大学生沉迷网络的原因是喜欢网络游戏、网络聊天。　　（　　）
4. 大学生一旦沉迷网络，对网络形成依赖，就比较难治疗。　　（　　）
5. 厌恶疗法是让学生长时间连续上网，使学生对网络产生厌恶，是一种比较有效的治疗方法。　　（　　）
6. 为了治疗学生们因沉迷网络引起的心理问题，目前专家们研究了很多治疗方法。　　（　　）

二、听后选择

1. 下面哪项不是以前引起大学生心理问题的原因？（　　）

A. 学业压力　　B. 沉迷网络　　C. 人际关系　　D. 情感问题

2. 根据课文，"考试挂红灯"的意思大概是（   ）

    A. 不及格   B. 留级   C. 退学   D. 补考

3. 大学生沉迷网络的主要原因是（   ）

    A. 喜欢网络聊天、网络游戏   B. 人际交往困难

    C. 现代技术的进步   D. 能得到满足感

4. 在治疗由于沉迷网络而引起的心理问题的办法中不太安全的是（   ）

    A. 行为疗法   B. 针对性疗法   C. 厌恶疗法   D. 以上三项

三、听后回答

1. 根据课文内容，有多少学生是因为沉迷网络而产生心理问题的？

    提示：一成

2. 现在引起大学生心理问题的新现象是什么？

    提示：沉迷网络 并且迅速上升

3. 对于沉迷网络引起的心理问题，治疗方法的情况怎么样？

    提示：针对性 通常使用

4. 什么是厌恶疗法？这种疗法有什么问题？

    提示：厌恶感 前提

四、听后思考

1. 你是否沉迷网络？你在网上都干什么？

2. 你觉得青少年沉迷网络的危害有哪些？

3. 你觉得网络有什么优缺点？

中级汉语听说教程　下册

叙述性口语课文

◎ 足不出户"走"世界 ◎

刘先生，66岁，退休干部

昨天我看了个电视节目，叫"电话的变迁"，说的是电话从发明到现在100多年的方方面面的变化，看得我真是百感交集呀。想想也真是那么回事儿，这才几年呀，变化就这么大。以前电话很少，大家打个电话都要去邮局排长队！后来，家庭电话开始出现，可刚开始那都是有钱人家的奢侈品，老百姓哪敢动那个心思？可现在你看吧，电话不再是什么了不起的东西，有的人家还装好几部，说是联系方便。手机也成了寻常的东西，现在的年轻人几乎人手一个，而且隔三差五就换新的，那手机的功能也是越来越多。我也有个手机，是我儿子淘汰给我的，你还别说，用起来真是方便，时间长了，还真离不开它呢。

苏惠，女，26岁，公司职员

我是1998年开始接触网络的。那个时候，我们国家上网的人还不多，网上的内容也不那么丰富。我们上网，也就是浏览一下新闻，在网上聊天室里聊聊天。谁也没想到网络会发展得这么快。现在我们上班、下班都挂在网上，上班要用网络联系业务不说，就连订票订房、查询天气等大大小小的事情都在网上进行。下班后，和朋友聊天、玩玩网络游戏，好好放松一下绷了一天的神经，不瞒你说，QQ、MSN……，什么聊天工具我都有，光电子信箱就有三个呢。我现在呀，网上术语无所不知，大小论坛轻车熟路，整个就一个名副其实的网虫。

高青，女，19岁，大二学生

校园网？那有什么稀奇的？我打入学那天起，就一直在和它打交道。你知道吗？当年我们高考以后就是从网上找学校，了解招生情况的。而现在呢，从学生注册、看信息通知，到选课、查成绩，我们都是在校园网上完成的。对了，我们还在网上评课呢，这可都是匿名进行的，我们一点儿后顾之忧都没有，完全可以实话实说。还有，听师哥师姐们说，他们现在考研、找工作的时候，投递简历，发布信息，或者了解考试就业行情，很多也是在网上实现的。以后网上授课或许也会普及开来吧。

麦克，男，26岁，加拿大留学生

上网时间长了，我们渐渐发现，网上可干的事多着呢。前不久发生的一件事让我真正认识到了网络的魅力。我的一个朋友，得了一种罕见的怪病，当地的医生们束手无策。我们不能见死不救吧，于是大家四处求医问药，偏方土方用了不少，可都不见起色。一个朋友无意中把他的病症放在网上，谁也没当回事。没想到居然引起了世界各地网友们的关注，大家纷纷出谋划策，最后惊动了很多相关方面的专家，他们在网上会诊，联合研究病情，终于救回了我朋友的命。所以，现在我在网上看到网上求助的消息，都会多看两眼，没准儿我也能帮点儿什么忙呢。

许国凯，男，25岁，自由职业者

最早上网的时候，我也是每天泡在网上，和天南海北的网友聊聊天，看看电视、下载一下音乐。当然，很多朋友也都有网恋的经历，没见面的两个人爱得死去活来的。不过，那句话怎么说来着？哦，对了，"见光死①"，总之是恋的不少，成功的不多。后来，我又迷上了在网上买东西，足不出户就可以漫游世界，多浪漫呀。慢慢地，我就想，我干吗不能在网上创一番自己的事业呢？有了这个想法，我就有目的地查阅这方面的信息，就在上个月，我在网上开了我的第一家网店，经营家乡土特产，让没来过我们云南的人也有机会体验云南风情。没想到，网络帮助我成为了"SOHO一族"，酷吧？

林文清，女，46岁，教育专家

网络出现以来，带给人们方方面面的实惠，让很多不可能的事情成为可能。网络搜索便利，资源丰富，交际自由，还具有相对的隐蔽性，这些都为百姓的生活带来了巨大的方便，有着无可比拟的优越性。但我们应该清醒地看到，网络的负面影响也是不容忽视的。一方面，搜索到的信息内容无法控制，很多不健康的东西会影响青少年的思想。另一方面，青少年沉迷网络，严重影响了学习和健康。还有，近年来，利用网络进行欺骗，从事网络犯罪的行为增多，使不少网民深受其害。从另外一个角度说，网络资源大多为免费资源，某种程度上也是对广大原创者利益的损害。因此，如何正确合理使用网络还值得深入地研究和思考。

----

① 见光死：在网上相恋的两个人真的见面以后，爱情马上消失。

词语例释

变 迁	情况或阶段的变化转移。如： 由于时代的变迁，人们的工作和生活方式发生了巨大的变化。
百感交集	各种各样的感情集中到一块儿来了。如： 虽然我平时对她一点儿也不好，但我生病的时候她却细心地照顾我，我百感交集，流下了悔恨的眼泪。
奢 侈	花费钱财过多，享受过分。如： 你每天都去五星级的酒店吃饭，生活太奢侈了。
绷	拉紧。如： 终于下班了，可以放松一下绷了一天的神经了。
匿 名	不写名字或者不写真实的名字。如： 最近公司收到一封匿名信，反映会计贪污公款。
后顾之忧	需要回过头来照顾的忧患，指来自后方的或家里的忧患。如： 孩子入托了，解除了家长上班的后顾之忧。
罕 见	难得见到，很少见到。如： 这么大的粉色钻石真的很罕见。
束手无策	比喻一点儿办法也没有。如： 孩子的高烧一直不退，连医生都感到束手无策了。
漫 游	(1) 随意游览。如： 这个春天我打算去漫游西湖。 (2) 手机用户离开自己登记的服务区而去外地的时候，电话网络仍能为他提供服务，正常打电话。这种服务或手机功能叫漫游。如： 如果去外地旅游，手机漫游仍然可以打电话。

无可比拟	没有办法比得上，比不上。如： 韩文和日文中都有汉字，所以韩国人和日本人学汉语有着西方人无可比拟的优越条件。

负　　面	坏的、消极的一面，反面。如： 网络给人们的生活带来了很大的方便，同时也带来了很大的负面影响。

深受其害	被它害得很深。如： 这个化工厂污染了周围的环境，住在附近的居民深受其害。

练 习

一、用课文中的词语表达

1. 看了一部感人的电影后，你的心情很复杂。

    提示：百感交集

2. 你的家庭不富裕，连大家都觉得很平常的 MP3 你都买不起。

    提示：奢侈品

3. 你和朋友关系很好，经常出来聚会。

    提示：隔三差五

4. 你刚参加工作，觉得工作压力很大，每天都感到很紧张。

    提示：绷

5. 昨天我收到一封信，写信人没写名字，我感到莫名其妙。

    提示：匿名

6. 领导安排好了那个职员的家人，让他能把全部心思放在工作上。

    提示：后顾之忧

7. 今年连续下了一个月的大雪，这种情况很少遇到。

　　提示：罕见

8. 那个孩子怎么教育也没有用，家长和老师都没有办法了。

　　提示：束手无策

9. 我的同屋生活习惯不好，我受到了很大的影响。

　　提示：深受其害

二、用课文中的句型表达

1. 可那都是……，……哪敢动那个心思？

　　例句：可那都是有钱人家才买得起的东西，我一个穷学生哪敢动那个心思？

　　(1) 你喜欢上了你们学校的"校花"，可是你只不过是一个各方面都很普通的学生。

　　(2) 妈妈那里有很多钱，但那些钱是用来给外公治病的，你不能拿来买游戏机。

2. ……，说是……

　　例句：他把我的作业拿走了，说是要好好参考一下。

　　(1) 孩子从奶奶那里借了很多钱，他说要报名参加辅导班。

　　(2) 我下午要去逛街，因为我听小王说下午的会取消了。

3. ……不说，就连……

　　例句：便宜的东西不说，就连贵的都买不到了。

　　(1) 他连最基础的内容也没掌握。

　　(2) 这种东西我没吃过，甚至从来没有看见过。

4. ……，总之是……

例句：他谈了几个对象都没成功，总之是没有一个让他满意的。

(1) 他喜欢象棋、跳棋、围棋，各种棋他都喜欢。

(2) 老师喜欢她，家人朋友也喜欢她，没有人不喜欢她。

5. ……干吗不能……呢？

例句：他能去，我干吗不能去呢？

(1) 别人都可以请假，我也可以。

(2) 我也能像同学们那样自己找到工作，不一定非要依靠父母。

6. ……有（着）……，但是……

例句：她善良，温柔，乐意帮助人，有很多优点，但是她做事情太磨蹭，让人受不了。

(1) 上海繁华、热闹、机会多，可是我不喜欢那里的气候。

(2) 学习汉语是很有前途的选择，但是真累呀。

三、思考与讨论

1. 你喜欢上网吗？你觉得网络都能干什么？
2. 信息时代带给人们很多便利，但也有一些问题，你能说一下负面的影响吗？
3. 请你谈一下你对网络资源的看法。

对话性口语课文
◎贺　年　卡◎

孙安健：王峰，急急忙忙干什么去？

王　峰：这不快过新年了嘛，我赶着去邮局发几封贺年卡。再晚邮局就关门了。

孙安健：贺年卡？什么贺年卡？给谁发？

王　峰：真有你的！连贺年卡也不知道了？你脑子进水了吧？还能给谁发？当然是我的亲戚朋友们了。

孙安健：哈哈！都什么年代了？还给朋友们发这种纸做的贺年卡？你可真是土到家了。

王　峰：怎么？难道你发金子的吗？不发这种发哪种？

孙安健：老弟，现在都发电子贺卡了。打开电脑，选一张你中意的贺年卡，写上新年贺词，填上 E-mail 地址，发送，一分钟搞定，还是免费的呢。

王　峰：是吗？看来我真的是落伍了。

孙安健：现在，人们的生活节奏快，都提倡节省时间，只要你的心意到了，又何必在乎是什么形式的呢？你没听说过现在连春节都不兴挨家挨户拜年了，都是什么团拜，有的干脆就是电话拜年算了。

王　峰：你说的也是。但我觉得像老师、长辈什么的还是亲笔写信好一点儿，显得尊重。

孙安健：那倒是。如果是正式的情况下，那当然还是不能太随意的，但我们可以根据需要随机应变嘛。能节省一点儿时间就节省一点儿，再说，发电子贺卡还可以节约资源呢。

王　峰：嗯，你说的有道理。我也就发这一次了。从明年开始，无论是朋友生日还是过年，我也发电子贺卡！

孙安健：就是。现在都信息时代了，你哪儿能那么不开窍呢！

王　峰：嗯，是呀。有了这么方便的手段，我可不想再麻烦我的"11号"跑邮局了！回头我请你吃饭，要不是你我可真得让人笑掉大牙了！

孙安健：没问题，提前告诉我，我饿一天再去吃饭！

词语例释

落　伍	掉队，比喻人或事物跟不上时代。如： 公司的经营不景气，这是因为产品设计太落伍了。

随机应变	跟着情况的变化，掌握机会，灵活应付。如： 她玩儿电脑游戏的时候头脑灵活、随机应变，所以从来都不会输。
开　　窍	（思想）想得通。如： 我怎么启发她，她都不开窍，这脑筋也太死板了。

表达拓展　"取笑、讽刺"的表达法

在课文中，出现了一些"取笑、讽刺"的表达法。如：

1. 真有你的

这个说法是用反语表示对对方的讽刺。比如课文中的句子：真有你的，连贺卡也不知道了？再如：真有你的，半小时前发生的事转眼就不记得了？

2. 你的脑子进水了吧？

讽刺别人脑子不好用，做出了可笑的糊涂的事情。比如课文中的句子：真有你的，连贺卡也不知道了？脑子进水了吧？再如：你今天是怎么了？怎么稀里糊涂的？脑子进水了吧？

3. 都什么年代了

用来取笑别人落伍，跟不上时代。比如课文中的句子：哈哈，都什么年代了，还给朋友们发这种纸做的贺卡？再如：我的天哪，真有你的，都什么年代了，居然穿这么"时髦"的衣服？

4. Adj 到家了（Adj 为贬义）

对别人某方面的讽刺，表示程度达到极点。比如课文中的句子：都什么年代了，还给朋友们发这种纸做的贺卡？你可真是土到家了。再如：这么简单的问题你也学不会，你还能干什么？你可真是笨到家了。

5. 真让人笑掉大牙

用来取笑别人的行为十分可笑。比如课文中的句子：要不是你我可真得让人笑掉大牙了。再如：他是计算机方面的博士，一般的计算机考试却不及格，真是让人笑掉大牙！

除了课文中的，还有一些取笑、讽刺的表达方法。如：

1. 看把你 Adj 的

表示说话人取笑对方的做法，有时候也可以表示嗔怪或者不满。如：别人都不说，偏你说，看把你能的。

2. 这也叫（/算是）……？

表示说话人对某事物的不认同，有取笑意味。如：这也叫能人？哈哈，看来你是没见过什么才是真正的高人。

3. 你真行（/棒/聪明）

用作反语时，表示对对方的讽刺挖苦。如：你真行，这么一会儿就把家里搞得这么乱。

4. 长得跟武大郎似的 瘦得跟麻杆似的

这两个说法是取笑别人的身材的。第一个是笑话人长得矮，第二个是笑话人长得瘦。如：他呀，那叫一个漂亮，长得跟武大郎似的不说，还偏偏瘦得跟麻杆似的。

5. 就你那水平（/那两下子），……

取笑别人的水平低，能力差。如：就你那两下子，也敢和我比？还不如回家看孩子去呢。

6. 做梦娶媳妇——想得美

讽刺别人的愿望太高。如：你想毕业以后就进公司做经理，真是做梦娶媳妇——想得美。

7. 真是癞蛤蟆想吃天鹅肉

一般讽刺别人不了解自己的实力，想得到自己配不上的东西，多用于条件差的男子想得到条件好的女子。如：那可是我们的校花呀，你追求她？真是癞蛤蟆想吃天鹅肉，也不找个镜子照照自己。

8. 我怎么配……（/敢当）呢？

反语，用貌似谦恭的语气取笑别人。如：我这种人，怎么配和您说话呢？

9. 瞧你那熊样儿

讽刺别人无能的样子。如：瞧你那熊样儿，遇到一点儿问题就吓得要命，你能有什么大出息？

一、用正确语气语调朗读下列句子

1. 这不快过新年了嘛，我赶着去邮局发几封贺年卡。再晚邮局就关门了。

2. 真有你的！连贺年卡也不知道了？你脑子进水了吧？还能给谁发？当然是我的亲戚朋友们了。

3. 都什么年代了？还给朋友们发这种纸做的贺年卡？你可真是土到家了。

4. 难道你发金子的吗？不发这种发哪种？

5. 现在都信息时代了，你哪儿能那么不开窍呢！

6. 我可不想再麻烦我的"11号"跑邮局了！回头我请你吃饭，要不是你，我可真得让人笑掉大牙了！

二、用课文中的词语或句型表达

1. 校长急急忙忙的是要去开会。
   提示：赶着

2. 小丽代表我们班参加比赛，取得了第一名，同学们都夸她。
   提示：真有你的

3. 金华今天做事情丢三落四的，我们觉得他有点儿不对劲。
   提示：脑子进水了

4. 她的穿戴打扮太过时了，像一个20年前的农村妇女。
   提示：土到家了

5. 家里没有别的菜了，只好吃白菜。
   提示：不 V+N+V 什么？

6. 这几道题很容易，我一个小时就能做好。
   提示：搞定

7. 钱需要一分一分地攒，所以平时花钱要尽量少花。

   提示：能 A 就 A

8. 她就是不明白别人是怎么做到的，我讲了好几遍也没有用。

   提示：开窍

9. 她把治拉肚子药当成治便秘的药吃了，真可笑。

   提示：笑掉大牙

三、用"取笑、讽刺"的表达法说说下列情景

1. 你的朋友现在还认为结婚应该听从父母的安排，你觉得很可笑。

2. 你的朋友给两个人写信，居然把信装错了信封，你讽刺他。

3. 你的同事想要追求那个著名的影星，你觉得他条件一般，没有可能。

4. 你的朋友今天头脑好像不清醒，做出了很多可笑的事情。

5. 你朋友说，她想参加羽毛球国际比赛，你觉得凭她的水平根本没资格。

6. 妹妹的男朋友长得又瘦又矮，你很不满意。

7. 朋友被别人欺负了，不仅不敢反抗，还躲在家里哭，你笑话他。

8. 朋友送给你一个苹果，说这是他见过的最大的苹果，你觉得这是很普通的一个苹果。

9. 朋友说他寒假要打一个月的工，然后用挣来的钱去周游世界，你取笑他的想法不现实。

10. 朋友听信陌生人的话，结果被骗了不少钱，你笑话他愚蠢的行为。

四、思考与表演

1. 你现在用什么方式给朋友或者家人拜年、庆祝生日什么的？

2. 如果让你给朋友发一张电子贺年卡，你打算在上面写什么内容？

3. 谈一下你对现在流行的电子贺卡等问候、祝贺形式的看法。

4. 你同学给女朋友送礼物时居然送错了房间，大家都取笑他，模拟表演一下当时的情景。

回顾与复习一

一、听一听

第 一 部 分

> 说明： 1—15题，这部分题目，都是一个人说一句话，第二个人根据这句话提一个问题，请你在四个书面答案中选择唯一恰当的答案。

1. A. 爸爸是马年出生的　　　　B. 爸爸已进入不惑之年
   C. 爸爸个子矮胖　　　　　　D. 爸爸的个子只有一米六

2. A. 老师　　　B. 网吧管理者　　　C. 学生　　　D. 学生父母

3. A. 三次　　　B. 四次　　　C. 五次　　　D. 六次

4. A. 烟台　　　B. 青岛　　　C. 苏州　　　D. 上海

5. A. 网吧　　　B. 旅行社　　　C. 健身房　　　D. 咖啡厅

6. A. 小张不应该减肥　　　　　B. 小张应该按时运动、按量进餐
   C. 小张会减肥成功　　　　　D. 门没有了

7. A. 浏览新闻　　　　　　　　B. 查询名山资料
   C. 网上聊天　　　　　　　　D. 玩网络游戏

8. A. 我给好朋友的妈妈买的　　　B. 我好朋友给妈妈买的
   C. 好朋友的妈妈给我买的　　　D. 好朋友给我买的

9. A. 下雨以前天气不热　　　B. 雨下得很突然
   C. 下雨以后应该不热　　　D. 说话人想到天气会更热

10. A. 照相　　B. 听音乐　　C. 发短信　　D. 上网

11. A. 脑子里面有水　　　B. 一直下大雨
    C. 没有刮大风　　　D. 天气情况恶劣

12. A. 天气干燥　　　B. 生病的人很多
    C. 生病的人会减少　　　D. 雨下得太多了

13. A. 游览西湖　　　B. 喝西湖龙井茶
    C. 吃西湖醋鱼和龙井虾仁　　　D. 给父母买特产

14. A. 赞成　　B. 不满　　C. 欣赏　　D. 羡慕

15. A. 他不喜欢网上评课　　　B. 他没参加网上评课
    C. 他认为网上评课有用　　　D. 他不相信网上评课

第 二 部 分

说明：16—35题，这部分题目，都是两个人的简短对话，第三个人根据对话提出一个问题，请你在四个书面答案中选择唯一恰当的答案。

16. A. 950块　　B. 905块　　C. 510块　　D. 150块

17. A. 称赞　　B. 佩服　　C. 讽刺　　D. 羡慕

18. A. 讽刺　　B. 不耐烦　　C. 虚心　　D. 感动

19. A. 敬佩　　B. 感动　　C. 气愤　　D. 怀疑

20. A. 很害怕　　B. 很担心　　C. 很有把握　　D. 心里没数

21. A. 想自驾游　　B. 想自助游　　C. 想跟团游　　D. 想散客游

中级汉话听说教程　下册

22. A. 6 点   B. 7 点   C. 7 点半   D. 8 点

23. A. 为人很好   B. 为人一般   C. 为人很差   D. 不清楚

24. A. 老张以前身体不好
    B. 老张在我们单位第一个吃过螃蟹
    C. 老张现在经常去健身房跳操
    D. 老张现在有空还常游泳

25. A. 我不想减肥   B. 我喜欢喝凉水
    C. 喝凉水容易长肉   D. 我的体质不容易减肥

26. A. 她不知道王涛去哪儿旅游   B. 王涛已经旅游去了
    C. 王涛去很多地方旅游过   D. 她不相信王涛的话

27. A. 善良温柔   B. 乐意帮助人
    C. 优点太少   D. 做事情太磨蹭

28. A. 网吧一定会干净漂亮   B. 网吧不会干净漂亮
    C. 没想到网吧开业这么快   D. 她不知道李力要开网吧

29. A. 旅游回来了   B. 要下雨了
    C. 她经常改变主意   D. 她不愿意去旅游

30. A. 女的认为对方夸大了事实   B. 海参里有很多水分
    C. 女的同意对方的说法   D. 吃了海参以后真的能预防流感

31. A. 心宽如海   B. 遇事从不冲动
    C. 拿得起放得下   D. 计较名利，不能善待他人

32. A. 小李有对象   B. 小李找对象很挑剔
    C. 小李的对象对他不满意   D. 小李没谈过恋爱

33. A. 嫌买东西麻烦   B. 嫌东西太贵
    C. 东西都卖光了   D. 年货已经买好了

34. A. 女的赞成男的在网上开店

　　 B. 女的反对男的在网上开店

　　 C. 女的认为男的不会坚持很长时间

　　 D. 女的认为男的做事很有恒心

35. A. 为人不好　　　　　　　B. 经常头疼

　　 C. 遇事能灵活处理　　　　D. 死脑筋

第 三 部 分

> 说明：36—50 题，这部分题目，你将听到几段简要的对话或讲话。每段话之后，你
> 将听到若干个问题，请你在四个书面答案中选择唯一恰当的答案。

36. A. 他认为吃不吃巧克力都会发胖

　　 B. 他认为不吃巧克力会更胖

　　 C. 他认为巧克力可以治病

　　 D. 他认为吃了巧克力和喝凉水差不多

37. A. 喝凉水　　　B. 吃肉　　　C. 吃巧克力　　D. 以上答案都不是

38. A. 气愤　　　　B. 高兴　　　C. 无奈　　　　D. 难过

39. A. 认真准备一日三餐　　　　B. 随便应付

　　 C. 经常自己下厨　　　　　　D. 吃盒饭

40. A. 阴天　　　　B. 下雨　　　C. 下雪　　　　D. 晴天

41. A. 一个　　　　B. 两个　　　C. 三个　　　　D. 四个

42. A. 为了安全　　B. 我的车坏了　C. 为了省钱　　D. 有人借了我的车

43. A. 10 分钟　　　B. 一刻钟　　　C. 半个多小时　D. 1 个小时

44. A. 说话人路最远，多付了一些车费

　　 B. 说话人路最近，少付了一些车费

　　 C. 三个人均分

　　 D. 根据路程远近付的

45. A. 成人节目太多，没办法安排时间
    B. 有恐怖内容
    C. 儿童集中注意力的时间短
    D. 不大受欢迎

46. A. 放映动画片　　　　　　　B. 介绍国内新闻
    C. 介绍世界大事　　　　　　D. 播体育、文艺消息

47. A. 6~7 岁　　　B. 7~9 岁　　　C. 7~12 岁　　　D. 12~17 岁

48. A. 教练的外形　　　　　　　B. 价钱越高教得越好
    C. 获得了健身教练资格证书　D. 教学态度认真

49. A. 150 元　　　B. 300 元　　　C. 500 元　　　D. 700 元

50. A. 这些费用经过了严格的审核
    B. 其中还包含了很多俱乐部经营管理成本
    C. 从价格来判断教练水平是理智的
    D. 国内健身市场对于课时费用有统一规范的标准

二、想一想

1. 在第一课到第四课中，我们学习了很多关于网络的作用方面的词语，请同学们分成两组，比赛一下，看哪组说得多说得快。

第一组	第二组
浏览新闻 网上预定 ……	网络聊天 网上求助 ……

2. 在第一课至第四课中，我们学习了很多关于旅游的方式及每种方式的优缺点，请同学们分成两组，每组说一下自己的观点，尽量用上课文中的说法。

第一组	第二组
关于自驾游 关于散客游 ……	关于跟团游 关于自助游 ……

回顾与复习一

三、填一填

1. 选用下列词语填空：

> 安然无恙　搞定　匿名　不经意间　回扣　扫兴　见光死　罕见　美其名曰
> 开窍　不亦乐乎　打退堂鼓　钻牛角尖　对牛弹琴　吃了豹子胆　折腾
> 窈窕淑女　尝到了甜头　三分钟热度　离谱　沾边　万岁　耍贫嘴

　　网上聊天有一个最大的好处是可以＿＿＿＿＿＿上网，只要你不说，就没有人知道你是谁。所以在网上，很多人完全不像平时的自己，内向的人也会＿＿＿＿＿＿，说出的话连自己都不敢相信；很丑的姑娘也可以告诉别人自己是一个＿＿＿＿＿＿，反正谁也看不见；如果生气了，在网上就可以尽情地发泄，甚至骂人，平时就算＿＿＿＿＿我也不敢呀；不过也有的人傻乎乎的，你和他聊天，无论说什么他都不反应，好像完全不明白，和这样的人说话简直就是＿＿＿＿，真让人＿＿＿＿＿＿。在网上，我认识了很多朋友，还在网上看到了很多＿＿＿＿＿的珍品。我算是＿＿＿＿＿＿，现在我疯狂地爱上了上网，每天都在网上＿＿＿＿＿到下半夜，忙得＿＿＿＿＿＿。这可不是＿＿＿＿＿＿，我觉得我这一辈子是离不开网络了。最近我网恋了，那个姑娘很大方，我们聊了一个月，她就提出说要见见面，开始我有点儿担心，因为听说网恋的结果往往是＿＿＿＿＿，因此我就有点儿＿＿＿＿＿＿，但是在我朋友的鼓励下，我勇敢地见到了她。结果，嘿嘿，我成功了，我找到了理想的伴侣，我忍不住要大叫：网络＿＿＿＿＿＿！

2. 选用下列句型填空：

> (1) ……说是……　(2) ……不说，就连……　(3) 总之是……
> (4) 真有你的　(5) 说 V 就 V　(6) 虽然……，可总比……
> (7) 不是 A 是谁？　(8) ……不就得了，何必……
> (9) 落下……　(10) 说起……　(11) 幸好……
> (12) 甭提多……　(13) Adj 到家了

　　我有个朋友，人倒是个好人，就是有时候不守信用。比如说上星期，他给我打电话，＿＿＿＿＿＿周末要请我去看电影，我＿＿＿＿＿＿不喜欢看电影，＿＿＿＿＿＿周末冷冷清清地一个人待在家里好呀。于是，我就痛快地答应了。到了周末，我早早就出发了，到了约会地点，没有见到他的人＿＿＿＿＿＿，＿＿＿＿＿＿一个电话也没有打过来。那天温度很高，＿＿＿＿＿＿热了，等了一会儿居然还下起了雨，＿＿＿＿＿＿我包里有一把雨伞。我气得要命，心里暗暗地说：我怎么能相信他的话呢？我真是笨＿＿＿＿＿＿，我以后再也不相信他

中级汉语听说教程　下册

的话了。 一直等了将近一个钟头，才看到一个人慌慌张张地跑过来，我一看，_____？正是我那个没信用的朋友。他上气不接下气地说："对不起，我来晚了。"我生气地说："_____，居然让我等了这么久。" 他看我不高兴的样子，居然说："我既然没来，你索性回家_____，_____在这里傻乎乎地等呢？"我快被气疯了，抬腿就走。他追上来，奇怪地说："你看你，怎么_____走_____走呢？难道我说的不是实话吗？"

四、练一练

用"怀疑""放心""讽刺、取笑""不耐烦"等表达法填空：

1. A：李哲，给你成绩单，8级啊。我们班你成绩最高。

　 B：别逗了，_____，怎么可能呢？

　 A：怎么不可能？看，就是你的。名字一个字都不差。

　 B：倒也是，可是_____，说不定是别的地方同名同姓的呢。

　 A：不会吧？我觉得错不了，你平时学习那么好，怎么会错呢？

　 B：希望如此，不过，这件事我还是_____。

2. A：小王，明天就考试了，你怎么还在这里玩儿球？

　 B：放心吧，妈妈，我现在_____。

　 A：真的吗？你每次都这么说，可是每次都考得不理想。你让我怎么相信你？

　 B：妈妈，这次我是真的复习得很好，你就_____，我保证考好。

3. A：阿华，你在那里鼓捣啥呢？来，帮我个忙。

　 B：_____，我刚开始你就叫我。烦死了。

　 A：你这人，怎么这么没耐心呢？_____，我不用你了还不行。

　 B：_____，要干什么你快说吧。

　 A：你怎么这么和我说话？说你多少次了，对长辈要有礼貌。

　 B：知道了知道了，别说了。你_____，我的耳朵_____。

4. A：我弟弟自己找的那个女朋友简直没法看，又瘦又小，长得_____
　 　_____。

B：只要人家自己喜欢，你何必操心呢。

A：不行，我弟弟太小，他的事必须我给他做主。他想自己找对象结婚，真是_____，门儿都没有。

B：_____，你还有这种封建脑瓜？

A：我这不能叫封建，我这是为我弟弟负责，我保证为他找一个称心如意的。

B：_____，你弟弟肯定不满意。你呀，还是让人家自由选择吧。

五、编一编

用下列词语编一段对话或者短文，至少用上三个：

二话没说　隔三差五　狼狈　惊出一身冷汗　最……的一面
……不说，就连……　束手无策　幸好

提示情景： 你刚来中国不久，水土不服，有一天突然肚子疼得厉害。当时宿舍里没有别人，只有平时和你关系不太好的小王。你没想到小王很细心地帮助你，照顾你。

六、说一说

1. 请你说出你知道的天气现象并简要介绍一下你家乡的气候特点。
2. 你都去过中国哪些地方旅游？给大家讲一次旅游的经历。
3. 请说明一下网络的利与弊。
4. 你去过中国的娱乐健身场所吗？谈谈你对此的看法。
5. 去外地旅游需要注意什么？要做哪些准备？

第五课

萝卜白菜，各有所爱

听力课文

◎ 一、我的朋友——钢琴 ◎

词语例释

琴键 (jiàn)	钢琴、手风琴等乐器上的黑白两色按键。如： 这架钢琴有两个琴键不太好用了。
寒冬腊月	指农历十二月天气最冷的时候，泛指寒冷的冬季。如： 他们在寒冬腊月最冷的时候去了内蒙古。
夏日炎 (yán) 炎	指夏天特别热。如： 与北半球的夏日炎炎相反，此时南半球正是大雪纷飞的严冬。
挫折 (cuòzhé)	生活中遇到的暂时的失败。如： 他的一生经历了很多挫折。
伴奏 (zòu)	为歌舞、表演或某种乐器奏乐配合。如： 你唱，我用吉他给你伴奏。
独奏	通常指一个人用一种乐器演奏，有时也有其他乐器为其伴奏。如： 他给我们表演的节目是笛子独奏。
乐趣	使人感到快乐的情趣。如： 人们能从文学中得到很多乐趣。

练习

一、听后判断

1. 我是上小学之后才开始学习钢琴的。 （　　）
2. 我平时都是早上、中午和晚上练习钢琴。 （　　）
3. 我经常参加各种表演，一般都是独奏。 （　　）
4. 我在学习钢琴七年之后取得了钢琴九级的证书。 （　　）
5. 我学习钢琴是为了成为一个音乐家。 （　　）

二、听后选择

1. 下面哪一项爱好课文中没有提到？ （　　）
   A. 看书　　　　B. 画画　　　　C. 玩游戏　　　D. 玩电脑

2. "我"平时每天晚上练几个小时钢琴？ （　　）
   A. 一个小时　　B. 半个小时　　C. 一个半小时　D. 两三个小时

3. 下面哪一项不是"我"在练琴过程中的感受？ （　　）
   A. 辛苦　　　　B. 讨厌　　　　C. 高兴　　　　D. 苦恼

4. 每次表演的时候"我"的心情怎么样？ （　　）
   A. 兴奋　　　　B. 自豪　　　　C. 紧张　　　　D. 欢乐

5. "我"从音乐中得到无穷的乐趣是因为"我"把钢琴当成什么？ （　　）
   A. 爱好　　　　B. 追求　　　　C. 职业　　　　D. 朋友

三、听后回答

1. "我"有什么样的爱好？最喜欢的是什么？
   提示：其他　如

2. 妈妈给"我"请来钢琴老师之后，"我"是怎么练习钢琴的？
   提示：寒冬腊月　夏日炎炎

3. 学钢琴的七年中，"我"有什么样的感受？

提示：汗水　泪水　苦恼

4. "我"在各种活动中经常表演什么？

提示：伴奏　独奏

5. 每次表演之后"我"的心情怎么样？

提示：掌声　羡慕　自豪

6. "我"学习那么多年的钢琴之后水平怎么样？

提示：付出　美滋滋

7. 钢琴在"我"的生活中有什么作用？

提示：乐趣　伴我成长

四、听后思考

1. 你有什么业余爱好？能否详细介绍一下？
2. 你觉得爱好在一个人的生活中占有什么地位？

听 力 课 文

◎ 二、我 的 追 星 故 事 ◎

词 语 例 释

银　幕	放电影时显示投影的白色屏幕，也代指电影。如： 他一直希望能在生活中遇到银幕上的大明星。
功　劳	对事情的成功起到的作用。 如： 这项任务我们能顺利完成，你的功劳最大。

着迷	非常喜欢，入迷。如： 我听他的故事听得着了迷。
译制片	翻译过来的外国影片。如： 我最喜欢看译制片了。
分辨（biàn）	区分辨别。如： 孩子太小，还没有分辨是非的能力。
直奔	直接向某地去。如： 他下了车就直奔考场。
门卫	看门的人。如： 这个门卫非常负责任。
失望而归	很失望地回去。如： 这次比赛他高兴而来，失望而归。
千里迢（tiáo）迢	形容很远。如： 他千里迢迢从加拿大来中国找我，让我很感动。
大腕（wàn）儿	在某方面比较有能力、有名的人，多指影视娱乐界。如： 你现在可是明星大腕儿了，可别看不起老同学啊！
珍藏	当成宝贝一样收藏。如： 这是我珍藏的古董。
炫耀（xuàn yào）	向别人显示、夸耀自己的才能、财富等等。如： 她开着这部新车到处炫耀。

 练习

一、听后判断

1. 我六十多岁了才开始追星。　　　　　　　　　　（　　）

2. 我对配音演员的声音特别熟悉，一听就能听出来。　　（　　）

3. 我趁出差的机会见到了李荣珍，并且告诉他我很崇拜他。（　　）

4. 李荣珍对自己的配音非常满意，也鼓励我学习配音。　（　　）

5. 我经常把自己的追星故事向别人炫耀。　　　　　　　（　　）

二、听后选择

1. "我"看外国电影的时候对什么最感兴趣？（　　）

　　A. 老外　　　　B. 配音　　　C. 配音演员　　　D. 电影本身

2. 关于李荣珍，下面哪一项是不正确的？（　　）

　　A. 他是外国人　　　　　　　B. 他是大腕

　　C. 他在上海　　　　　　　　D. 他很谦虚

3. "我"为自己崇拜的配音演员做了什么？（　　）

　　A. 鼓励他继续努力　　　　　B. 让他签名

　　C. 写信　　　　　　　　　　D. 收集他的配音电影

4. 收到李荣珍的回信，"我"心情怎样？（　　）

　　A. 失望　　　　B. 难过　　　C. 兴奋　　　　D. 死心

5. 每当"我"把自己追星的故事说给别人听时，别人怎么样？（　　）

　　A. 满意　　　　B. 开心　　　C. 炫耀　　　　D. 羡慕

三、听后回答

1. 一般人认为什么样的人追星？录音中的"我"是否追过星？

　　提示：一说起　　提起

2. "我"小时候看外国电影时总弄不明白什么问题？后来是怎么明白的？

　　提示：银幕　功劳

3. "我"对配音演员着迷到什么程度？

　　提示：灵　分辨　尤其

第五课　萝卜白菜，各有所爱

4. "我"趁出差的机会见明星，结果怎么样？

提示：门卫　失望而归

5. "我"给喜欢的明星写信，信中写了什么？

提示：千里迢迢　配音风格

6. 明星给"我"的回信中写了什么？

提示：心血　鼓励

7. "我"怎么对待明星写给"我"的信？

提示：珍藏　炫耀

四、听后思考

1. 你喜不喜欢追星？为什么？

2. 请讲一个生活中的追星故事，并谈一下你对现在追星现象的看法。

叙述性口语课文

◎我们的生活丰富多彩◎

每个人都有自己的兴趣爱好，这些兴趣和爱好既可以让我们放松，又可以让我们有所收获。

李鹏飞，男，16岁，中学生

上网不是什么新鲜事，可是我对上网却特别钟爱。我不仅上网玩儿游戏、交朋友，还去购物网站买东西。通过网络我既能听到喜欢的音乐，也能免费看电影，还可以查找需要的资料，心情不好的时候跑到各种聊天室瞎扯一顿，发发牢骚，心里就舒服多了。可以说，网络已经成了我与外界沟通的一种方式。妈妈总是说我是"网虫"，经常劝我不要痴迷于网络世界，可我还是屡教不改。当然我也知道这样会浪费我的时间，毕竟我还是学生嘛，为了让老爸老妈放心，我也会克制自己，有选择地上网。

王雪儿，女，21岁，大三学生

上大学以前我并不怎么爱看书，每次别人说自己的兴趣是看书时，我都觉得他们好虚伪。可是上大学后，我发现自己离不开书了，简直到了一天不看浑身难受的程度。从大一暑假开始，我几乎天天泡在图书馆里看书，有时一待就是一下午；要么就去书店，选几本好书坐在过道上，细细品味，久而久之，我深深体会到古人的那句话："书中自有黄金屋，书中自有颜如玉。"①现在我的心愿就是等我有了钱，自己装饰一间书房，书架上摆满了书，每天生活在书香中，唉，想想就很陶醉啊！

潘大伟，男，33岁，公司职员

我是在部队长大的，从小喜欢运动，凡是和运动有关的项目我都感兴趣。我一直参加学校的体育队，什么篮球、排球、游泳、跳水我都玩儿得不错，虽然后来我并没做专业运动员，但是运动成为我业余最喜欢的事情。平时我一有时间就会跑到健身房去和朋友练练胸大肌，到了周末就会去郊外爬爬山什么的。如果赶上休假，那我更会迫不及待地抓住机会去参加一些刺激性的运动，比如说攀岩、蹦极什么的。所以谁见了我都说我的身体特棒，特像一个运动员。

范美淑，女，42岁，银行职员

我这个人比较俗，也没有什么特别高雅的爱好，业余时间除了做家务、照顾孩子之外，就是喜欢和朋友们逛逛街，聊聊天儿，美美容什么的，偶尔也去泡泡酒吧。我们对商场最熟悉，什么时候打折啦，哪个地方搞活动啦，什么店特价啦，我们都清楚得很，每到那时候你一定能看到我们的身影。最让我们愉快的事情是没花多少钱却大包小包拎回来一堆东西。老公有时无可奈何地说："真不懂你们女人，这是什么爱好！"男人嘛，怎么能理解女人购物的乐趣呢？

高宏卫，男，58岁，机关干部

我这个人好静不好动，既不抽烟，也不喝酒，更不喜欢应酬，就喜欢摆弄些花花草草和根雕盆景之类的东西。一有闲空我就会跑到附近的花草市场转一转，有时候也会到山上去寻宝，时间长了，家里就摆满了我找来的宝贝。因为这个爱好，我也结识了不少这方面的专家朋友，其中还包括一些画家、园艺家。我们经常聚在一

---

① 书中自有黄金屋，书中自有颜如玉：用以比喻书中另有一个广阔天地。

起，围绕这些花花草草谈天说地。再过一两年我就退休了，可是我心里一点儿也不觉得烦躁，有这些花草和朋友们陪伴我，晚年生活应该是很有味道的吧。

词语例释

钟爱	特别疼爱，非常喜爱。如： 这种车是女人比较钟爱的。
发牢骚 (sāo)	抱怨，不满。如： 因为明天又要加班，所以很多工人在车间发牢骚。
痴迷	很入迷的样子。如： 他对电影的爱好已经达到了痴迷的程度。
屡 (lǚ) 教不改	多次教育，仍不改正。如： 告诉你进门要脱鞋，你真是屡教不改。
虚伪	虚假，不真实。如： 我今天才发现你这个人是这么虚伪。
泡	用沸水、热水烫或将东西放在水中，也指较长时间待在某处打发时间。如： ① 人参可以泡酒。② 他们没事儿就去泡酒吧。
过道	走廊或中间的通道。如： 别站在过道上，别人都过不去了。
细细品味	慢慢地品尝味道。如： 这种咖啡细细品味感觉更好。
胸大肌	胸部的肌肉。如： 他的胸大肌很发达。
迫不及待	等不及或很着急的样子。如： 他一下飞机就迫不及待地给女朋友打电话。

攀　岩	一种体育运动，只使用少量工具，主要利用手和脚攀登岩石峭壁。如： 攀岩不仅锻炼人的胆量，也锻炼人的意志。
蹦　极	身系绳索从高处向下蹦，然后再弹回来的一种挑战极限的体育活动。如： 蹦极太危险了，我可不敢试。
高　雅	表现出受过良好教养的举止或情趣。如： 她穿上这套衣服比所有在座的女人都漂亮、高雅、迷人。
拎 (līn)	用手提。如： 你手里拎的是什么东西？
谈天说地	聊天儿。如： 现在工作那么忙，连谈天说地的时间都没有。

练习

一、用课文中的词语表达

1. 丈夫周末经常会邀请一些朋友在家里喝茶聊天儿。
   提示：谈天说地

2. 他来中国以后特别喜欢京剧，几乎每个星期都去剧院看戏。
   提示：痴迷

3. 这孩子我告诉他多少遍了不要老去网吧，可他总是不听。
   提示：屡教不改

4. 这个房间曾经有一位诗人住过，里面摆设得非常有情调。
   提示：高雅

5. 他是老师特别喜欢的一个学生。

　　提示：钟爱

6. 我一回到家就赶紧打开电脑，看有没有我的信。

　　提示：迫不及待

7. 这种茶要慢慢喝才能尝出其中的味道。

　　提示：细细品味

8. 我们俩的联系越来越少，时间长了也就断了联系。

　　提示：久而久之

9. 我喜欢看书，是因为书中内容丰富，让我从中得到很多享受。

　　提示：书中自有黄金屋，书中自有颜如玉

10. 为了研究这一问题，他一天到晚在图书馆查资料，饿了就吃点儿面包。

　　提示：泡

11. 我每次喝完酒回到家，妻子都会不停地说一些不满意的话。

　　提示：发牢骚

二、用课文中的句型表达

1. 不是什么……，可是……

　　例句：两万块钱对他来说不是什么大钱，可是对我这个下岗职工来说却是一笔不小的数目。

　　（1）她经常上台表演，可是我是第一次上台，所以非常紧张。

　　（2）虽然医生说我的病并不严重，但是我心里还是担心。

2. 要么……要么……

　　例句：我们去那个地方要么坐飞机，要么坐火车，坐汽车太遭罪了。

　　（1）你早点儿做决定，或者选择王刚，或者选择李明，不要再犹犹豫豫了。

(2) 你心里有事儿别闷着,应该找朋友说出来,或者找心理医生谈一谈。

3. 久而久之……

例句:刚开始参加各种晚会的时候还有新鲜感,可是久而久之就厌烦了。

(1) 妻子的唠叨开始我还能忍受,可是时间长了我就受不了了。

(2) 他们开始只是谈谈文学,后来又谈到各自的人生,谈的时间长了,感情不知不觉就出来了。

4. ……啦,……啦,……啦

例句:过年的时候,一家人在一起包包饺子啦,打打牌啦,看看电视啦,热闹极了。

(1) 我这人比较喜欢运动,有时候和朋友打球,有时候去爬山,有时候还去滑雪。

(2) 我在国外的时候经常给家里打电话、上网聊天或者写信。

5. 既……也……更……

例句:我既喜欢看书,也喜欢画画儿,更喜欢玩儿游戏。

(1) 我这个假期想去北京参观故宫、去上海听歌剧,但是最想去的地方是九寨天堂。

(2) 我不想听到你的声音,不想看你的信,更别说看到你的人了!

三、思考和调查

1. 你怎么理解"萝卜白菜,各有所爱"?

2. 你的家人各有什么爱好?你觉得这些爱好对家庭有什么影响?

对话性口语课文

◎ 兴趣是最好的老师 ◎

　　刘宇翔，某理工大学现代技术学院一年级学生，今年又一次荣获第二届中国青少年科技创新奖，这位杰出的小"发明家"19岁就已经有多项发明获得省市级的奖项，其中两项已获得国家专利。今天，我们有幸采访了他，让我们听听他是怎么说的吧。

记　者：对你来说，"发明创造"意味着什么？它在你生活中占据很重要的地位吗？

刘宇翔：没有，搞些小发明只是我的爱好而已，像其他时间，我也和别人一样照常上课学习。那些小发明基本上都是在课余时间完成的。

记　者：仅仅在课余时间就能完成这些发明？那么到目前为止，你一共有多少项发明呢？

刘宇翔：具体多少我也记不得了，不过比较正式一点儿的，像获得省市级奖的那些发明一共有16项，其中有两项已经申请国家专利了。

记　者：能具体说一下这两项发明吗？

刘宇翔：一个是通讯用的电缆接头器，另一个是多功能全自动环保黑板。

记　者：让你感觉最深刻的或者说最有挑战性的是哪个发明呢？

刘宇翔：应该是电缆接头器吧！因为当时做这个东西的时候，好多关于电子方面的知识我都不是很清楚，所以当时也是一头雾水。

记　者：那最后是怎么解决这些问题的？

刘宇翔：主要就是看书查阅资料，还有就是请教一些这方面的高手，多问问别人。

记　者：那些资料能看懂吗？

刘宇翔：我从小就对这些电子方面的东西很感兴趣，也经常阅读一些相关资料，有了这个基础，相关的资料大部分都能看懂，看不懂的就请教老师或朋友。

记　者：那你怎么会想到发明这种东西呢？

刘宇翔：当时我家周围正在盖楼，一些通讯电缆需要重新接线，我看到那些人在接电缆的时候很费劲，而且效率也很低，所以我就想发明一个东西，来改变这种情况。

记　　者：原来发明的想法来自对生活的细致观察啊！

刘宇翔：的确是这样的，只要仔细观察生活，就会从中受到很多启发。另外我认为动手能力也很重要，我从小就喜欢把东西拆来装去的，破坏能力比较强，但我很庆幸，这种天性一直在自由发展，我父母很支持我，从不因我拆坏东西责骂我，失败了也总是鼓励我"再试一次"。这样我才敢大胆尝试。

记　　者：对于以后，你有什么打算呢？想做一个发明家吗？

刘宇翔：做一些小发明，纯粹是我的业余爱好而已，没想过是否搞一辈子或当发明家什么的。

记　　者：你比同龄人更早地接触到了成功。对于那些正在努力追求成功的人，你想说些什么吗？

刘宇翔：只要是你感兴趣的，就放开去做吧！兴趣才是最好的老师。

记　　者：谢谢你，希望你的经历对别人会有所帮助和启发。

词语例释

荣　获	光荣地获得。如： 他在奥运会上荣获两枚金牌。
创　新	创造新的。如： 现在的青年人应该有创新意识。
专　利	一项发明创造的首创者所拥有的受保护的权益。如： 这项发明他已经申请了国家专利。
有　幸	幸运地。如： 我昨天有幸见到了这本书的作者。
占　据	用强力取得并保持。如： 他一直占据着我的心，让我无法忘记他。

一头雾水	对别人的行为或说的话觉得莫名其妙。如： 今天主任一来就把我批评了一顿，搞得我一头雾水，不知道自己到底做错了什么。

高　　手	在某方面技能突出的人。如： 他是网络高手。

纯　　粹	真正地，完全地。如： 你说的话都是假的，纯粹是骗人。

表达拓展　　"鼓励"的表达法

上册中已经出现过一些鼓励的表达法，本课又出现了"再试一次""就放开去做吧"等表示鼓励的说法。除了这些以外，汉语中还有其他一些鼓励的表达法。如：

1. 别灰心（/泄气）

对因失败或挫折而丧失勇气和信心的人的鼓励。如：这次输了不要紧，别灰心，我们找出问题的原因继续训练，下一次一定能赢的。

2. 失败是成功之母

鼓励对方失败了没关系，只要吸取了教训最后就会成功。如：别难过，失败是成功之母嘛！这次接受了教训，下次肯定没问题。

3. 打起精神来

鼓励对方情绪不好时振作一点儿。如：你要打起精神来，这次没考好还有下次。

4. 鼓起勇气来

鼓励对方要有勇气去做某事。如：既然你那么喜欢她，那就鼓起勇气来向她表白吧！

5. 一定要再接再厉

鼓励对方在取得了成绩后还要不断坚持、继续努力。如：这次成绩不错，但是一定要再接再厉，以后取得更好的成绩。

6. 有志者事竟成

鼓励对方只要有决心和毅力就会成功。如：有志者事竟成，只要你坚持做

中级汉语听说教程　下册

下去，这项发明肯定能获得成功的。

一、用正确的语气语调朗读下列句子

1. 对你来说，"发明创造"意味着什么？它在你生活中占据很重要的地位吗？

2. 仅仅在课余时间就能完成这些发明？那么到目前为止，你一共有多少项发明呢？

3. 让你感觉最深刻的或者说最有挑战性的是哪个发明呢？

4. 主要就是看书查阅资料，还有就是请教一些这方面的高手，多问问别人。

5. 原来发明的想法来自对生活的细致观察啊！

6. 做一些小发明，纯粹是我的业余爱好而已，没想过是否搞一辈子或当发明家什么的。

7. 只要是你感兴趣的，就放开去做吧！兴趣才是最好的老师。

二、用课文中的词语说说下列情景

1. 他这次考试以优异的成绩得到了一等奖学金。
   提示：荣获

2. 遇到这位老师是我一生的幸运，因为他，我的生活有了很大的改变。
   提示：庆幸

3. 他的表达不清楚，这件事他不说我们还明白，他越说我们越糊涂。
   提示：一头雾水

4. 社会发展速度这么快，科技也在不断发展，要想生存就得不断去创造。
   提示：创新

5. 他从小就喜欢上网玩儿游戏，现在在电脑游戏开发方面成为一名专家。

　　提示：高手

6. 这件事完全是她自己造成的，和我们没什么关系。

　　提示：纯粹

三、用"鼓励"的表达法说说下列情景

1. 你的学生说他的课题都搞了 5 年了，可是还是没研究出来，你怎么鼓励他？

2. 运动员在体操比赛中取得了第二名的好成绩，教练怎么鼓励他？

3. 你的儿子英语发音不太好，每天练习进步也不大，所以对自己学英语很没有信心，你怎么鼓励他？

4. 今年你的公司技术部的项目开发不太顺利，员工压力很大，情绪都比较低落，你鼓励他们说什么？

5. 孩子做实验失败了，你鼓励他再试一次，怎么说？

6. 你的女儿在学校里做错了事，不敢告诉老师，你希望她能向老师承认自己的错误，你怎么对她说？

四、思考与采访

1. 生活中你对什么感兴趣？你是否也认为"兴趣是最好的老师"？为什么？

2. 请采访三个不同的人，问问他们的兴趣爱好，并请他们谈一下对"兴趣是最好的老师"的看法。

3. 请编写一段对话，用上"鼓励"的表达法。

第六课

十年树木，百年树人

◎ 一、考研的竞争太残酷 ◎

词语例释

枯燥	单调；没有趣味。如： 我真不习惯这种枯燥无味的生活。
突破	打破（困难、限制等）。如： 2003年，中法双边贸易额达133.9亿美元，首次突破百亿美元大关。
座右铭	写出来放在座位旁边的格言，泛指用来鼓励、提示自己的格言。如： 这里的科研人员以"人生能有几回搏"为座右铭。
半途而废	做事情没有完成就终止。如： 这件事你做得挺好的，现在怎么能半途而废呢？
持久战	持续时间较长的战争，比喻做某事需要坚持很长时间。如： 我虽然得了癌症，但我没有倒下，我要和疾病打一场持久战。

一、听后判断

1. 周京媛的专业是金融。 （　　）

2. 她从大学三年级开始准备考研。 （　　）

3. 她的考研生活很枯燥。 （　　）

4. 她觉得考研的专业课很难。 （　　）

5. 在 2003 年的考研中，上海市有 4296 人放弃了政治理论的考试。

（　　）

6. 考研是所有人实现自己目标最好的选择。 （　　）

二、听后选择

1. 周京媛保持良好心态的方法，下面哪项没提到？ （　　）

　　A. 锻炼身体　　　B. 听音乐　　　C. 看电影　　　D. 散步

2. 今年研究生入学考试有多少人报名？ （　　）

　　A. 117.2 万　　　B. 14.9 万　　　C. 4296　　　D. 1978

3. 下面哪一项不是周京媛报考本校研究生的原因？ （　　）

　　A. 为了减轻考研压力　　　　B. 熟悉环境

　　C. 她的英语不好　　　　　　D. 难度相对较小

4. 2003 年北京的考研中，缺考率是多少？ （　　）

　　A. 14.6%　　　B. 三分之一　　　C. 15% 左右　　　D. 三分之二

5. 考研的科目中，首先考什么？ （　　）

　　A. 政治　　　B. 英语　　　C. 综合课　　　D. 专业课

三、听后回答

1. 针对考研比较枯燥的问题，周京媛是怎么做的？

　　提示：……，所以……，使……

2. 除了学习之外，她还干什么？
　　提示：……之余，……

3. 她觉得自己考研的情况怎么样？
　　提示：……对我来讲……，……没有什么问题了

4. 考研的学生一般怎么鼓励自己？
　　提示：……是……的座右铭

5. 在考研过程中放弃的人多吗？
　　提示：为数不少　甚至

6. 当考完公共课时，周京媛的心情怎么样？
　　提示：为……可惜，为……庆幸

7. 周京媛是怎么看待考研的？
　　提示：持久战　坚持到最后

四、听后思考

1. 你如何看待考研这一现象？
2. 介绍一下你们国家大学生考研的情况。

听 力 课 文

◎ 二、汉 语 热 ◎

词 语 例 释

| 掀　起 | 使运动等大规模地兴起。如：
最近就业大学生掀起了"公务员热"。 |

低　谷	比喻事物发展过程中最不顺利、不景气的时期。如： 经过几年的努力，他的公司终于走出了低谷。
求　学	在学校学习；上学。如： 我已经习惯了一个人在外求学的生活了。
累　计	连以前的数目合并计算。如： 今年春节平遥古城累计接待游客达 2.08 万人次。
透　露	透漏；泄漏消息。如： 一位官员向我们透露了其中的一些情况。
改　版	广播电台、电视台、网站等改变、调整栏目或节目的安排。如： "开心辞典"改版后吸引了更多的观众。
查　询	调查询问。如： 我们刚开通了免费查询这项服务，欢迎大家参加。
真　伪	真和假。如： 现在很多东西很难辨别真伪。

一、听后判断

1. 汉语现在是第三大语言。　　　　　　　　　　　　　　（　　）

2. 1989 年学习汉语的人最少。　　　　　　　　　　　　（　　）

3. 现在中国所有高校都有对外汉语教学部门。　　　　　（　　）

4. 全国 HSK 的考点有 30 多个。　　　　　　　　　　　（　　）

5. 今年参加汉语水平考试的留学生有 28000 多人。　　　（　　）

二、听后选择

1. 目前世界上学习汉语的人数大概是多少？（　　）
   A. 100 万　　　　B. 3000 万　　　　C. 50 万　　　　D. 28000

2. "汉语热"从什么时候开始？（　　）
   A. 1983 年　　　　B. 1989 年　　　　C. 1994 年　　　　D. 1990 年

3. HSK 从哪一年开始？（　　）
   A. 1983 年　　　　B. 1989 年　　　　C. 1994 年　　　　D. 1990 年

4. 至今参加过 HSK 考试的外国人大概有多少名？（　　）
   A. 50 万　　　　B. 40 万　　　　C. 30 万　　　　D. 100 万

5. 关于新的 HSK 网站的功能，下面哪一项没提到？（　　）
   A. 网上预约报名　　　　　　B. 成绩查询
   C. 证书真伪确认　　　　　　D. 考试辅导

三、听后回答

1. 现在世界上学习汉语的情况如何？
   提示：老外　　汉语热

2. 学习汉语的外国人中，哪些国家的人比较多？
   提示：以……为多

3. 今年参加 HSK 的考生情况怎么样？
   提示：总数达　　创历史同期新高

4. 记者是如何了解到新的 HSK 网站的情况的？
   提示：据……透露

四、听后思考

1. 你如何看待"汉语热"？你认为其原因是什么？
2. 你觉得应该怎么来准备 HSK？

叙述性口语课文
◎ 谈不完的教育 ◎

王丽，女，36 岁，公司职员

现在的孩子压力太大了，而我们当父母的也不轻松。我女儿今年上小学三年级，每天下课后老师给她布置一大堆的作业，我是又当学生又当老师。学校搞社会调查，我就不得不和孩子一起走街串巷，上网查资料，动手写文章。为培养孩子的特长，我还过起了伴读的生活，练琴节节课都要送去接回不说，还得陪学陪练。在辅导班里与孩子一起听，回来再做孩子的"指导教师"，结果是孩子没有学个什么样儿，我倒学了一门特长。我都觉得自己真快成为和孩子一样的学生了。我现在最大的心愿就是女儿快快长大，自己可以好好喘口气歇歇。

程玉林，男，32 岁，在读博士

1974 年 5 月，我出生在一个贫穷的农民家里。因为家里连锅都揭不开了，所以我年年寒暑假自己卖菜挣学费才读完了高中，然后读了师范专科。踏上工作岗位后，我一边教书，一边选择了自考这条路。我暗下决心，一定要靠自己的努力考上研究生。寒来暑往，经过几年的努力，我终于圆了自己的这个梦。我觉得每个人求学的路不一定都相同，但是"条条大路通罗马"，只要坚持，就可以实现自己的梦想。

夏涛，男，17 岁，高中生

我真的很讨厌高考，也很害怕高考，每天幻想着甩掉让人累得要死的高三，走进那自己盼望已久的大学校园。我无数次在心里想，什么时候才能摆脱高三，摆脱高三的题海，摆脱老师的啰唆和唠叨，结束起早贪黑、早出晚归、近乎疯狂的学习？我每天安慰自己："黑暗就要过去，光明马上就要到来。"我现在最盼望的事情就是不用高考直接就可以上大学，这好像是做白日梦吧？

刘美京，女，45 岁，中学教师

现在当老师越来越难了。如今的孩子都是独生子女，娇惯是很多家长抚养孩子的方式，这样的孩子个个都是"小公主""小皇帝"，整天衣来伸手，饭来张口，谁也说不得，一说就跟你急，就离家出走。老师一批评孩子，总有一些家长站出来给我们戴上不懂"素质教育""激励教育"的大帽子。唉！又要把学生教育好，又不能得罪家长，我们这些干教育的好像越来越不懂到底怎么教育人了！真是头疼啊！

杜付韦，男，65岁，退休干部

我不是教育专家，所以说的可能都是外行话。在我看来，素质教育和应试教育本来并不矛盾，甚至相辅相成，但是现在的很多家长和教师，把素质教育变成了特长教育，把应试教育当作考试教育，这样才把它们对立起来了。现在课外辅导班市场特别火暴，因为孩子要去考各种证书，以便证明自己的"素质"。但素质教育其实就是教给孩子做人做事的态度和习惯，它是无形的，不是所谓的唱歌跳舞弹琴。过分地逼迫孩子去学习各种特长，弄得孩子叫苦连天，甚至产生厌学情绪，真是得不偿失的事情啊！什么时候我们才能有真正的素质教育呢？

词语例释

走街串巷	走遍大街小巷，形容到城市的各个地方去做某事。如： 他整天走街串巷推销产品，很辛苦。
喘口气	在工作、学习等活动中的短暂休息。如： 干了大半天了，先喘口气歇歇吧。
白日梦	比喻不切实际的、不可能实现的幻想。如： 你这种想法根本不可能实现，简直就是做白日梦。
抚养	供给衣、食、住或其他生活必需品。如： 现在抚养个孩子真不容易啊！
叫苦连天	因过分辛苦而连连抱怨。如： 你干得并不多，别整天叫苦连天的！

| 得不偿失 | 失去的比得到的还多。如：
你想想这样做值得吗？我看是得不偿失。 |

一、用课文中的词语表达

1. 没有办法，我只好和孩子一起到处去敲开别人家的门搞社会调查。
   提示：不得不　　走街串巷

2. 走了半天，太累了，我要好好休息一下。
   提示：喘口气歇歇

3. 一个人家里非常穷，该怎么说？
   提示：连锅都揭不开了

4. 虽然我们走的路可能不一样，但都可以实现自己的目标。
   提示：条条大路通罗马

5. 现在很多"小皇帝""小公主"什么也不会做。
   提示：衣来伸手，饭来张口

6. 素质教育和应试教育不是对立的，而是相互补充的。
   提示：相辅相成

7. 你卖掉公司，帮助了这些下岗工人。这样做，失去的比得到的要多得多。
   提示：得不偿失

二、用课文中的句型表达

1. 又当……又当……

例句：他妈妈死得早，所以他爸爸又当爹又当妈，累了大半辈子。

(1) 他自己开了一个公司，只有他一个人，他既是职员，又是老板。

(2) 朋友租了一间房子，吃饭、睡觉、学习都在那儿。

2. ……不说，还……

例句：这趟生意，没挣着钱不说，还把我前几年攒的点儿钱都赔进去了。

(1) 你的朋友没帮你的忙，反而给你找了很多麻烦。

(2) 我考试考砸了，妈妈没鼓励我，反而批评了我一顿。

3. 圆了……梦

例句：寒来暑往，经过几年的努力，我终于圆了自己的大学梦。

(1) 小王辛苦了几年，今年终于有了自己的公司。

(2) 从小时候开始，她就想当一名演员，经过几年的努力，她终于如愿以偿了。

4. 一……就……，就……

例句：他一到冬天就感冒，就要去医院。

(1) 他只要一上台发言，就紧张，语无伦次。

(2) 这个孩子被爸爸妈妈惯坏了。如果有什么地方不满意，就大哭，离家出走。

5. N_1 给 N_2 戴上……的大帽子

例句：我只不过拿他的东西用一下，可他居然给我戴上了小偷的大帽子。

(1) 我不是不想帮他，是担心别人说我"趁火打劫"。

（2）由于不理解，当年很多人都以为他是个大坏蛋。

三、思考和调查

1. 请你谈一谈对教育孩子的看法。

2. 请你去调查一个中国人，看看他对待教育的看法和你们国家的人有何异同。

3. 你如何看"素质教育"和"应试教育"？

对话性口语课文

◎赶鸭子上架◎

妈妈：哎！我们单位的王大姐你知道吗？他的儿子上个星期参加全省的小提琴比赛，得了个冠军呢！要不也给咱家小刚报个钢琴辅导班吧？

爸爸：你可别随大溜，关键得看他有没有兴趣。

妈妈：小刚！小刚！你出来一下，有话问你。

小刚：你们有什么事快说吧，我还有一大堆作业要做呢！

爸爸：小刚，最近学得怎么样？

小刚：我快累死了！作业和小山似的，什么时候才能做完啊？

妈妈：我和你爸爸打算给你报个钢琴辅导班，你喜欢吗？

小刚：报什么钢琴辅导班啊？我才不去呢！

妈妈：你这个孩子，我们可都是为了你好啊！

爸爸：你先别赶鸭子上架，我们还是听听他的意见吧。小刚，那你说说，就是因为累不去吗？

小刚：也不全是因为累，我根本就不喜欢弹钢琴，如果你们给我报个散打、武术什么的，我就去！

妈妈：那可不行！学那个有什么用？坏孩子才学那个呢！

爸爸：话不能这么说！学学散打、武术什么的也挺好的，最起码能增强身体素质。

妈妈：不管怎么说，我可不同意。那不是教孩子学坏吗？

小刚：那我不管，如果报了钢琴班，说什么我也不去！我要学习去了！

爸爸：我看这事还是等等再说吧。

妈妈：可不能由着他的性子来。他还想天天上网玩儿游戏呢，没门儿！我明天就给他报名去！

爸爸：你也太性急了吧？等和他商量好了再说吧！

妈妈：不用商量了，我做主了！

爸爸：唉！你这么固执，将来可别落埋怨！

妈妈：那也比将来他什么都不会两手空空的后悔强。你也别心疼他，别人家的孩子哪个不是同时上好几个班，我们算是够民主的了。

爸爸：反正我觉得还是缓一缓再说更好，强扭的瓜不甜，他扭着鼻子歪着嘴去了，什么都学不进去，那不是白花钱吗？还是顺其自然吧！

妈妈：那我明天抽个空再跟他谈谈吧。你可得帮着我说话，不准唱反调啊！

爸爸：那是当然，你放心吧！

词语例释

随大溜 (liù)	顺着多数人说话或办事。如： 现在有很多父母随大溜，看到别的家长给孩子报课外辅导班，也给自己的孩子报，其实孩子并不一定喜欢。
赶鸭子上架	让别人去做他不容易做或做不了的事情。如： 我根本没有当领导的天赋，您非要让我当，简直就是赶鸭子上架啊。
起　码	最低限度的。如： 这是最起码的要求，你就别得了便宜还卖乖了！
没门儿	不成；不行。如： 他想这么容易就让我答应？没门儿！
做　主	做决定。如： 你大胆干吧，一切由你做主。

落埋怨	被认为做错了而受责备。如： 这件事还是你自己拿主意吧，我可不想将来落埋怨。
缓	延期，延迟。如： 这件事急不得，先缓缓吧。
强扭的瓜不甜	比喻勉强做成的事不会美满。如： 你别劝他们交往下去了，既然合不来，何必在一起呢？ 强扭的瓜不甜嘛。
顺其自然	按照自然的趋势使某人、某事发展，不用逼迫。如： 孩子们的婚事就顺其自然吧，咱们老俩口瞎操心也没什么用。
抽空	挤出时间（以做别的事情）。如： 你能不能抽空到我这儿来一趟？我有要紧的事。
唱反调	发表完全对立的言论，采取对立的举措。如： 你还是我的好朋友呢？处处和我唱反调！

表达拓展　"劝告"的表达法

本课中出现了一些"劝告"的表达法。如：

1. 你可别……，关键得……

劝告对方要好好考虑一下具体情况，别轻易做决定。如课文中的句子：你可别随大溜，关键得看他有没有兴趣。再如：A：我今天看了一场模特表演，真好看。我也打算去报名。B：你可别三分钟的热度，关键得看自身的身体条件。

2. 你先别赶鸭子上架

劝告对方不要非让别人去做他做不了的事情。如课文中的句子：你先别赶鸭子上架，我们还是听听他的意见吧。再如：你可别赶鸭子上架，孩子没有音乐天赋，你就别逼他去学唱歌了。

3. 你也太性急了吧？

劝告对方别太着急。一般用于关系比较好的人之间。如课文中的句子：你也太性急了吧？等和他商量好了再说吧！再如：A：我想给咱儿子报个书法班，让咱家也出个大书法家。B：你也太性急了吧？孩子还不到三岁，连笔都握不住呢。

4. ……，将来可别落埋怨

劝告对方不要轻易建议别人做什么事，提醒对方考虑一下做事的后果，省得将来受到埋怨。如课文中的句子：唉！你这么固执，将来可别落埋怨！再如：你还是让他自己考虑考虑吧，你这样替人家做决定，将来可别落埋怨。

5. 强扭的瓜不甜

劝告对方不要逼迫自己或别人做不喜欢的事情。如课文中的句子：反正我觉得还是缓一缓再说更好，强扭的瓜不甜，他扭着鼻子歪着嘴去了，什么都学不进去，那不是白花钱吗？还是顺其自然吧！再如：我看你还是算了吧，强扭的瓜不甜，人家不喜欢你，你就别自做多情了！

除此之外，汉语中还有很多"劝告"的表达法。如：

1. 你应该趁着年轻（/漂亮/还没结婚）好好干（/选择/玩……）

劝告对方利用现在好的条件和机会做事。如：① 你现在这么年轻，你应该趁着年轻好好干！② 你应该趁着还没结婚，没有拖累，好好学习。

2. 天涯何处无芳草

对方失恋后，劝告对方想开点儿，以后会找到更好的。如：你想开点儿，天涯何处无芳草，漂亮姑娘有的是。

3. 吃一堑，长一智

劝告对方受到挫折以后，只要吸取教训就会变得聪明起来。如：① 别难过了，吃一堑长一智嘛，下次别再犯这样的错误就行了！② 吃一堑长一智，你要好好吸取教训，以后可不能再出现这样的问题了！

4. 心急吃不得（/了）热豆腐

劝告对方不要着急，一步一步来。如：① 心急吃不得热豆腐，你还是好好调查一下情况，仔细考虑一下吧。② 心急吃不了热豆腐，这件事你不能那么着急，否则后悔就来不及了。

5. 世界上没有卖后悔药的，你想清楚了再……

劝告对方好好考虑一下后果再做决定。如：世界上没有卖后悔药的，你想清楚了再说吧，免得将来后悔！

一、用正确的语气语调朗读下列句子

1. 你可别随大溜，关键得看他有没有兴趣。

2. 你们有什么事快说吧，我还有一大堆作业要做呢！

3. 我快累死了！作业和小山似的，什么时候才能做完啊？

4. 报什么钢琴辅导班啊？我才不去呢！

5. 你先别赶鸭子上架，我们还是听听他的意见吧。

6. 那可不行！学那个有什么用？坏孩子才学那个呢！

7. 不管怎么说，我可不同意。那不是教孩子学坏吗？

8. 可不能由着他的性子来。他还想天天上网玩儿游戏呢，没门儿！我明天就给他报名去！

9. 我觉得还是缓一缓再说更好，强扭的瓜不甜，他扭着鼻子歪着嘴去了，什么都学不进去，那不是白花钱吗？还是顺其自然吧！

10. 你可得帮着我说话，不准唱反调啊！

二、用课文中的词语或句型表达

1. 我们买台新电视怎么样？
   提示：要不……吧？

2. 王老师一星期没来上课，学生们交来的作业都堆在他的桌子上。
   提示：像小山似的

3. 今天来的人少不了，至少有二百个。
   提示：最起码

4. 这个孩子被爸爸和妈妈惯坏了，喜欢干什么就干什么。
   提示：由着……的性子来

5. 你还是好好学习吧，别管是否成功，免得以后后悔。
   提示：比……后悔强

6. 也不知道他今天怎么了，让他去买东西的时候一副不高兴的样子。
   提示：扭着鼻子歪着嘴

三、用"劝告"的表达法填空或说说下列情景

1. 你给孩子报了这么多的课外辅导班，其实孩子根本不想去，而且他们这个年龄根本学不了那么多东西。

2. 你怎么这么着急啊？这件事可急不得，你还是一步一步来吧！

3. A：我这几天郁闷死了，我喜欢的那个姑娘人家有男朋友！唉！
   B：＿＿＿＿＿＿＿＿＿＿＿＿＿，你还是想开点儿吧。

4. 你现在这么年轻，你应该好好抓住这宝贵的时光，多学点儿东西。

5. 人家小王不愿意当班长，你却非要让人家当，弄得人家不高兴。

6. A：现在很多人都利用业余时间学汉语，我也想学，你觉得怎么样？
   B：＿＿＿＿＿＿＿，你最好是考虑清楚了自己有没有兴趣。

四、思考和表演

1. 你觉得怎样才能更好地培养和教育孩子？
2. 你同意小刚妈妈的做法吗？为什么？
3. 三个人一组，表演一段一家三口的家庭谈话，内容是教育孩子方面的。

第七课

到什么山上唱什么歌

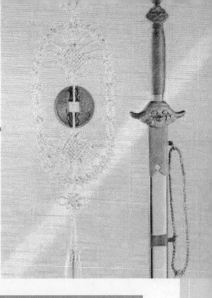

听 力 课 文
◎ 一、保护民俗文化① ◎

词语例释

发掘 (jué)	本来指挖出地下埋的东西，比喻指把不被人注意的有价值的事物开发出来，如人才、智力、精神等。如： 民间艺术的保护和发掘是一件利国利民的好事。
精 华	事物中最重要、最好的部分。如： 这次展览会集中了全国民间工艺品的精华。
筹 (chóu) 集	想办法聚集（资金）。如： 为了工程早日开工，他们筹集了 200 万。
第 一 线	指直接从事生产、教学、科研等活动的岗位。如： 三十多年来，她一直战斗在教学工作的第一线。
传 承	传授和继承。如： 绘画艺术经过历代传承，至今已有几千年的历史。

---

① 唐卡：藏族的一种独特的布画，内容多宣传佛教教义，色彩艳丽，形象生动。

一、听后判断

1. 冯骥才出生于浙江省，他的老家在天津。　　　　　（　　）
2. 冯骥才本来是一位非常有名的小说家。　　　　　　（　　）
3. 冯骥才几乎跑遍了全国，每到一地，他都会找镇长、乡长筹集资金。
　　　　　　　　　　　　　　　　　　　　　　　（　　）
4. 为了筹集资金，冯骥才除了拿出稿费以外，还举办了两次画展。（　　）
5. 冯骥才在民俗保护方面取得了很大的成绩，他比较满足。（　　）

二、听后选择

1. 冯骥才最早的时候因什么而闻名？（　　　）
　　A. 致力于民间艺术的保护和发掘工作
　　B. 写作了大量作品，屡获全国优秀小说奖
　　C. 走南闯北搜集民间的民俗艺术精品
　　D. 对民间文化的整理工作

2. 根据课文内容，冯骥才参与保护和挖掘民间文化的原因不包括哪一项？
　　（　　　）
　　A. 很多古老的文化、民俗在迅速地消失
　　B. 民俗文化的精华一旦失去了就永远也找不回来了
　　C. 心疼那些和自己一起从事民间文化保护和发掘工作的人们
　　D. 避免给中华民族的将来留下太多的遗憾

3. 冯骥才和一些专家学者在从事民俗的发掘和保护方面遇到的困难不包括
　　下面哪项？（　　　）
　　A. 经费严重不足　　　　　　　　B. 条件极其艰苦
　　C. 民俗书籍出版难　　　　　　　D. 一些基层乡镇不懂民俗保护

4. 课文中提到的文化精品不包括（　　　）
　　A. 唐卡　　B. 木版年画　　　C. 民间剪纸　　D. 春联

5. 从冯骥才身上，我们得到的启示不包括哪一项？（　　）

　　A. 保护民俗文化是每一个人的事

　　B. 保护民俗文化需要我们共同努力

　　C. 在经济发展的同时，我们应该重视保护民俗文化

　　D. 我们应该拿出自己的钱保护民俗文化

三、听后回答

1. 冯骥才最早因为什么闻名？最近又因为什么引起世人的关注？

　　提示：因……而闻名　　　致力于

2. 随着中国经济的发展，民俗文化在迅速地消失，冯骥才的反应是什么？

　　提示：坐不住　　精华　　一旦……就再也……

3. 为了保护民俗文化，冯骥才是怎么做的？

　　提示：跑遍　　一边……一边　　每到一地

4. 他们遇到了哪些困难？

　　提示：经费　　第一线　　甚至

5. 对于取得的成绩，冯骥才是怎么看的？

　　提示：丝毫　　满足　　投入　　遗憾

四、听后思考

1. 你觉得冯骥才这样做值不值？为什么？

2. 请简单谈一谈在你们国家是怎么保护民俗文化的。

3. 请举例介绍一下你们国家比较典型的民俗活动。

听 力 课 文
◎二、各 国 婚 俗◎

词语例释

繁琐 (suǒ)	繁杂琐碎。如： 现在办理签证的手续不像以前那么繁琐了。
色　调	事物的色彩及浓淡。如： 红色、黄色是暖色调，而蓝色、绿色是冷色调。
无瑕 (xiá)	（玉石等）没有缺陷或者毛病。如： 人人都向往纯洁无瑕的爱情。
戏　弄	取笑捉弄，拿人开心。如： 你不要戏弄别人。
重头戏	比喻最重要的部分。如： 中国婚礼的重头戏是拜堂和喝交杯酒。
掷 (zhì)	用力扔。如： 中国一些地方的人们在相亲的时候有"掷绣球"的习俗。

练习

一、听后判断

1. 法国婚礼的主色调是白色，因为法国人认为婚姻应该是纯洁无瑕的。

（　　）

2. 英国人的婚礼呈现出疯狂的一面，这与英国的绅士风度完全不同。

（　　）

3. 德国婚礼的 Party 有点儿类似于中国的"闹洞房"。　　　　　　（　　）

4. 希腊人结婚时，人们会在新郎的手套中放一些糖，代表把甜蜜带进婚姻生活。　　　　　　　　　　　　　　　　　　　　　　　　　　　（　　）

5. 希腊新娘为了表示对新郎的尊重一般会轻拍新郎的手掌。　　（　　）

6. 英国人的婚礼多在正午举行，随后安排午餐聚会，称作新婚午餐。（　　）

二、听后选择

1. 除了中国以外，课文一共谈了几个国家的婚礼习俗？（　　）

　　A. 三个　　　　　　B. 四个　　　　　　C. 五个　　　　　　D. 六个

2. 关于德国人的婚礼，下列哪项是错误的？（　　）

　　A. 比较疯狂，与德国人的理智、冷静完全不同

　　B. 到了婚礼举行之日，新人会坐白马拉的马车去教堂

　　C. 婚礼 Party 有点儿类似于中国的"闹洞房"

　　D. 婚礼 Party 的重头戏是众人兴高采烈地将碟子掷碎

3. 关于希腊的婚礼习俗，下列哪项是不正确的？（　　）

　　A. 新娘子轻拍新郎的脚掌是为了表示对新郎的尊重

　　B. 由诗歌班的领唱者训示新郎要好好照顾和保护妻子

　　C. 人们会在新娘子的手套中放一些糖，代表把甜蜜带进婚姻生活

　　D. 新郎须以金钱或答应举行 Party 作交换条件，新人才可以通过出口

4. 下列哪项不符合英国人的婚礼习俗？（　　）

　　A. 英国人的婚礼多在正午举行，随后安排午餐聚会，称作新婚午餐

　　B. 英式的结婚蛋糕由大量水果制成

　　C. 英式的结婚蛋糕会保留至最后一个婴儿出生

　　D. "Christening Cake" 是一种表达对新人祝福的形式

三、听后回答

1. 说到中国的传统婚俗，人们便会想到什么？

　　提示：繁琐

2. 从法国婚礼的主色调白色，我们能看出法国人对待婚礼的什么想法？

　　提示：可以看出　　纯洁无瑕

3. 德国人的婚礼比较疯狂，主要表现在哪些方面？最热闹的是哪个环节？

提示：Party　戏弄　重头戏

4. 德国新人要通过出口的条件是什么？

提示：以……做交换条件

四、听后思考

1. 谈谈你们国家传统的婚礼习俗。

2. 你了解多少中国婚礼的习俗？请简单介绍一下。

叙述性口语课文
◎ 我该怎样面对你——习俗？◎

每一群人都有自己生活的一片土地，每片土地上都有着自己特殊的习俗。面对这些习俗，有人欣赏，有人烦恼。让我们听听他们是怎么说的吧。

王小妮，女，25 岁，公司职员

我是城里长大的，我们家又在学校大院里，天南地北的人都有，彼此之间没那么多礼节，所以我的脑子比较单纯。我的男朋友是农村人，今年我第一次跟他回家，结果各种规矩彻底把我弄糊涂了。比如什么人该送什么礼物，什么话该说，什么话不该说等等。常常是我话正说到兴头儿上，一屋子人突然都停下来看着我，那眼神好像是看一个外星人似的。这事儿弄得我挺扫兴的，男朋友家人嘴上不说，脸上却露出了不满的样子。照这样下去，这些该死的讲究非闹得我们不欢而散不可。你说烦人不烦人？

孙大年，男，35 岁，中学教师

我们这个年龄的人，一年忙到头，其实过年时很想好好回家歇歇，陪陪父母。可我现在都不敢回去了。前几年我们每年回去十天左右，可在家里的时间加起来也不到一天。过了除夕就开始串亲戚，走东家串西家，一天天都在喝酒中打发过去了。有时想偷个懒儿，可哪家走不到都会有意见。去的时候得打点着，礼物得带几样儿，每家要不偏不倚，否则可能花了钱却惹了一肚子不愉快。最后，大家都满意了，我们却累死了。什么时候这些陈年旧俗能改一改，让人们自由自在地享受节日就好了。

杨乐辛，男，45岁，公务员

前些年，我也跟很多城里人一样打心眼儿里讨厌各种麻烦的习俗。可这几年，我的想法慢慢有了一些改变。你看，就是因为我们喜欢简单，所以节日的习俗简化了又简化，结果呢，节日变得冷冷清清的，一点节日气氛都没了。去年，我把父母接到我家过春节，整个春节期间来我家的人加起来不超过一打，老两口干什么都没滋没味的。今年他们死活不再过来了，连我儿子也嚷嚷着要回老家过节，说是那边人多，热闹。看来，节日应该怎么过，还真得好好思量思量。

赵建义，男，55岁，报社主编

我们报社今年进行了一项"你对节日的看法"的调查，结果发现，城市人对节日的幸福感普遍低于农村人。为什么会产生这种现象呢？我们觉得是因为农村还保留着很多传统节日的仪式，比如春节时从小年开始祭灶①、清扫庭院、贴春联、祭祖②、守岁等，通过这些仪式人们可以感受到一种不同于日常生活的意义，这就是我们说的节日气氛。而城里人对节日形式不屑一顾，同时也就失去了很多耐人寻味的东西，实在是太可惜了。

宁欣，女，44岁，民俗学家

我是搞民俗的，这些年在民间跑来跑去，越跑越兴奋。我们的老百姓中有那么多充满了生活情趣的民俗，让你不得不由衷地惊讶和感叹。我坐在老大娘的炕头上看她们一剪刀可以剪出一幅"竹报平安""松鹤延年"的图案，那造型不输于任何一个美术家的作品；她们做出的各种面食，不管是"麒麟送子③"还是蛇形的剩虫④，都那么活灵活现。还有捏出的小泥人、编出的别致的竹篮、绣出的五彩荷包，让你不由得不挑大拇指。我们以前常说：民族的就是世界的，现在我才有了真切的感受，只有这些鲜活的民俗文化才有打动世界的力量啊！

---

① 祭灶：中国民间的一种敬灶神的仪式。
② 祭祖：祭祀（sì）祖先的一种仪式。
③ 麒麟送子：麒麟，传说中的一种吉利的动物，可为人带来子孙。
④ 剩虫，也作"圣虫"，中国北方做成蛇形的一种面食，寓义为粮食有剩余，生活兴旺。

词语例释

兴 头	因为高兴或感兴趣而产生的劲头。如： 我们正听到兴头上，他却突然停下不讲了。
不欢而散	很不愉快地散开。如： 爸爸和儿子因为意见不一致，最后不欢而散。
串亲戚	走亲戚，指去亲戚家拜访。如： 中国人春节要串亲戚拜年。
打 点	收拾行李、准备礼物或为求人帮忙而送礼。如： 快过节了，咱得打点一下曾经帮助过自己的领导和长辈。
不偏不倚 (yǐ)	指不偏向任何一方，表示公正或中立。如： 那人做事公道，不偏不倚。
陈年旧俗	指不适应新形势的旧的习俗。如： 磕头拜年等陈年旧俗现在已经很少见了。
不屑一顾	不值得看，表示轻视。如： 他对那个计划不屑一顾。
耐人寻味	形容意味深长，值得反复体会。如： 他的话意味深长，耐人寻味。
情 趣	情调趣味。如： 这首诗写得很有情趣。
活灵活现	描述或模仿的人或事物生动逼真。如： 他画的虾活灵活现，像真的似的。
鲜 活	形象等鲜明，好像就在眼前一样。如： 那部电视剧塑造了很多鲜活的人物形象。

一、用课文中的词语表达

1. 他刚才说自己是美国人，现在又说是英国人，最后我都闹不清了。

   提示：弄糊涂了

2. 我在玩儿电脑游戏，正玩儿得高兴的时候，突然停电了。

   提示：兴头

3. 张老师很高兴学生们来给他祝寿，但是一个学生喝醉酒闹事，场面很不好，张老师的高兴劲儿全没了。

   提示：弄得　　扫兴

4. 孩子对长辈不礼貌，表面上长辈不生气，但实际上他们心里肯定不满。

   提示：嘴上不说

5. 今天我的电脑又坏了，气死我了。

   提示：该死的

6. 我爱人一回老家就喜欢串门儿，每天晚上要我陪她去，我都烦死了。

   提示：走东家串西家

7. 退休以后，他无事可干，只好每天打麻将。

   提示：打发

8. 我们公司的老板可厉害了，上班的时候，我们想偷偷休息一下都不行。

   提示：偷个懒

9. 他说话做事很公平，所以大家都选他做领导。

   提示：不偏不倚

10. 本来是很高兴的事，但就因为一点儿小矛盾，最后让大家心里很不痛快。
    提示：惹了一肚子不愉快

11. 我从心里喜欢那个姑娘，可是她看不上我，真郁闷。
    提示：打心眼儿里

12. 放假以后，校园里没有人，一点儿都不热闹。
    提示：冷冷清清

13. 退休以后，我不管干什么都提不起兴趣，真没意思。
    提示：没滋没味

14. 今年我不打算回老家过春节了，可是儿子极力要求回去过。
    提示：嚷嚷

15. 那个人总是自以为是，从来不理睬别人的意见。
    提示：不屑一顾

二、用课文中的句型表达

1. 照这样下去　　非……不可
   例句：他天天玩儿电脑，照这样下去将来非变成废物不可。
   （1）他每天不是玩儿就是睡觉，将来肯定毕不了业。

   （2）小夫妻俩每天吵架，如果他们调整不好可能会离婚。

2. ……就好了
   例句：孩子现在还小，难免做一些糊涂事，等长大了就好了。
   （1）这条路现在很难走，将来修了路以后就方便了。

   （2）高中太累了，考上大学会舒服一些。

3. 因为……所以……结果呢……

　　例句：因为身体不好，所以我请了一个月的假，结果呢，丢掉了工作。

　　（1）汤姆经常不上课，老师讲的内容当然听不懂，最后只好退学。

　　（2）她每天都在减肥，吃的东西很少，最后生病了。

4. V什么都没……

　　例句：他这个人最固执了，你说什么都没用。

　　（1）离婚以后，他觉得做事没意思，吃东西也没味道。

　　（2）她的病已经很严重了，吃药也没有效果。

5. 那 N 不输于任何（一+量词）+名词

　　例句：我用过一种神奇的护肤药水，那效果不输于任何一种名牌化妆品。

　　（1）那个小饭馆做的菜的味道不比任何一家大饭店的差。

　　（2）他的外语水平不比任何人差。

6. 让你不由得不 V

　　例句：那地方简直太美了，让你不由得不激动。

　　（1）他说的汉语太地道了，你会不由自主地赞叹。

　　（2）听着这么美的音乐，你自然会感到陶醉。

三、思考与讨论

　　1. 你觉得什么样的习俗应该保留？什么样的习俗应该舍弃？

　　2. 请介绍一下你们国家一个传统节日的风俗。

　　3. 将中国的节日民俗和你们国家的节日民俗对比一下，说说有什么不同。

对话性口语课文
◎ 入乡随俗 ◎

丈夫：你们单位什么时候开始放假？我们也该打点一下回老家过年了。我妈都
　　　来好几次电话了。

妻子：我说了你可别生气，我现在真发怵回去。

丈夫：怎么了？我爸我妈什么地方得罪你了？你不会跟老人一般见识吧？

妻子：不是，你想哪儿去了。爸妈都挺好的，我就是受不了你们老家的规矩。

丈夫：规矩是多了点儿，可也没什么大不了的，不至于让你那么难受吧？

妻子：你忘了结婚第一年我去你们家过年，因为我穿了件白色的外套，结果全
　　　村人都嚼舌头？

丈夫：我们那地方结婚第一年兴穿红的，谁要是穿白的别人都觉得不吉利。我
　　　当时提醒你了，你非不听。要是你别那么任性，就不会惹那些不愉快
　　　了。

妻子：衣服穿在我身上，我凭什么要为了别人的喜好改变自己的想法？我觉得
　　　你们那地方就是老封建！

丈夫：话也不能这么说。一个地方有一个地方的风俗，你没法去改变它，只能
　　　去适应，要不怎么人们都说"入乡随俗"呢？

妻子：拜托！什么入乡随俗，那样我们不都成了各种框框套套的牺牲品了？我
　　　可不愿意我的宝贝女儿将来嫁个农村人，省得她再像我一样受气。

丈夫：这话可不中听，农村人怎么了？我倒觉得农村民风淳朴，大家说话都直
　　　来直去的，没有城里人那么多弯弯绕。

妻子：好了，好了，我知道你也是农村人，又戳到你的痛处了。算我说错了，
　　　你别介意。我们腊月二十六开始放假，你说吧，咱们什么时候动身？

丈夫：你这个人啊，真是刀子嘴豆腐心！不跟你斗嘴了，咱们二十八走怎么
　　　样？

妻子：没问题。那给七大姑八大姨的礼物你可得准备，要不说不准又会闹出什
　　　么误会来。唉，郁闷啊！

丈夫：这些年也难为你了，其实我心里也挺过意不去的。可不管怎么说咱也得
　　　让老人高兴不是？你就体谅一下吧！

妻子：我又没怪你，别解释了！念了这么多年书，我还能不明白"到什么山上

唱什么歌"的理儿吗？快收拾东西去吧！

丈夫：好嘞！

词语例释

发怵 (chù)	胆怯、害怕，不敢或不愿意去做。如： 一想起考试，我就发怵。
嚼 (jiáo) 舌头	在私下议论别人。如： 我最不喜欢那些吃饱了没事干就喜欢嚼舌头的人。
入乡随俗	到了一个地方要按照那个地方的风俗生活。如： 到了国外，我们得入乡随俗，否则，你不会真正地了解当地的风土人情。
中 (zhōng) 听	听起来觉得满意。如： 你这话说得很中听，我喜欢。
淳 (chún) 朴	诚实朴素。如： 他是一个善良淳朴的小伙子。
弯弯绕	复杂的心眼儿。如： 我最不喜欢满肚子弯弯绕的人，因为不知道什么时候他就会打坏主意。
戳 (chuō)	用硬物捅。如： 你说她长得难看，这话戳到了她的痛处，她非找你算账不可。
刀子嘴豆腐心	指人说话厉害，但心里善良。如： 张大妈就是这么个人，刀子嘴豆腐心，你千万别跟她计较。
斗嘴	你一句我一句，互相争吵或开玩笑。如： 你这孩子，怎么老是跟姐姐斗嘴？

表达拓展 "道歉"的表达法

课文中出现了一些道歉的表达法。如：

1. 算我说错了，你别介意

勉强承认自己做得不对，向对方表示歉意。如课文中的句子：我知道你也是农村人，又戳到你的痛处了。算我说错了，你别介意。再如：好好好，别吵了，算我说错了，你别介意，行不？

2. 难为你了

对对方某一方面的忍让表示歉意。如课文中的句子：这些年也难为你了，其实我心里也挺过意不去的。再如：跟我结婚这么多年，我们的经济条件一直不太好，没给你买过什么像样的首饰，真是难为你了。

3. 我心里也挺过意不去的

因为某件事心里对某人觉得抱歉。如课文中的句子：这些年也难为你了，其实我心里也挺过意不去的。再如：上次你帮了我很大的忙，我从来也没回报过你，我心里也觉得挺过意不去的。

除此之外，汉语中还有很多"道歉"的表达法。如：

1. 别和我一般见识

对自己做过的对不起别人的事表示道歉，希望对方不要计较。如：① 我说话确实太过分了，说完自己也后悔了，请您别和我一般见识，原谅我吧。② 我今天冲你发了脾气，实在不应该，你别和我一般见识，原谅我吧！

2. 孩子小，不懂事，做了这样的事，我来替他向你道歉

家长代替孩子为孩子惹的祸道歉。如：今天孩子在路上骂了您，他小，不懂事，做出了这种事，我来替他向您道歉，请您别放在心上。

3. 您大人不记小人过，宰相肚里能撑船，原谅我吧

当和别人发生矛盾冲突后希望对方宽容自己，原谅自己。如：您以前帮过我那么多忙，我不应该随便说您的坏话。您大人不记小人过，宰相肚里能撑船，原谅我吧！

4. 我来给你赔个不是

给别人道歉的比较口语的说法。如：好好好，那天是我不好，我不该故意气你，我来给你赔个不是。

5. 招待不周，请您别见怪

对招待别人不够周到表示歉意。有时也是一种谦虚的说法。如：这次你们来我们公司，给我们带来了很多经验。如有招待不周的地方，请你们不要见怪。

6. 我们向……公开道歉

比较正式的道歉，较多用于在报刊或电视等公开场合向某人或某单位正式道歉。如：我们侵犯了上扬公司的权利，在这里，我们向上扬公司公开道歉。

一、用正确的语气语调朗读下列句子

1. 怎么了？我爸我妈什么地方得罪你了？你不会跟老人一般见识吧？

2. 不是，你想哪儿去了。爸妈都挺好的，我就是受不了你们老家的规矩。

3. 我当时提醒你了，你非不听。要是你别那么任性，就不会惹那些不愉快了。

4. 我凭什么要为了别人的喜好改变自己的想法？

5. 话也不能这么说。一个地方有一个地方的风俗，你没法去改变它，只能去适应，要不怎么人们都说"入乡随俗"呢？

6. 我可不愿意我的宝贝女儿将来嫁个农村人，省得她再像我一样受气。

7. 这话可不中听，农村人怎么了？我倒觉得农村民风淳朴，大家说话都直来直去的，没有城里人那么多弯弯绕。

8. 我又没怪你，别解释了！念了这么多年书，我还能不明白"到什么山上唱什么歌"的理儿吗？

二、用课文中的词语或句型表达

1. 我的老师很不好说话，我想找他请假，可觉得他肯定不高兴，所以很头疼。

　　提示：发憷

2. 小王的确有很多毛病，可是也没什么特别厉害的毛病。

   提示：N 是 Adj 了点儿，可也没什么大不了的

3. 我最讨厌丽丽的就是她喜欢在背后议论别人。

   提示：嚼舌头

4. 你的思想太保守了，像个古代人似的，怎么那么不开放呢？现在自由恋爱不是很正常的事情吗？

   提示：老封建

5. 你别看他表面上挺老实，其实心眼儿很多，有不少鬼主意。

   提示：弯弯绕

6. 只要别人批评他而且批评的是他的弱点他就受不了。

   提示：戳到……的痛处

7. 我妻子别看嘴厉害，其实心眼儿很好，很喜欢帮助别人。

   提示：刀子嘴豆腐心

三、用"道歉"的表达法说说下列情景

1. 我今天说话说得不对，你别和我计较。

2. 我虽然没有责怪你的意思，但是话说得不好听，所以是我不对，你是大度的人，不要生我的气，原谅我吧。

3. 我长期不在家，你一个人照顾孩子照顾老人，真不容易，我对不起你。

4. 我今天当面顶撞了你，你比我有修养，就原谅我吧。

5. 我的孩子拿了你家的东西，我要向你道歉。

6. 我们工作做得还不够，对你们的招待不够好，请原谅！

7. 昨天的事我错了，我给你赔礼道歉。

8. 由于我们工作的失误给你们造成了重大的损失，我们在报纸上向你们道歉。

四、思考与表演

1. 你们国家城市和农村的风俗习惯有没有差别？有哪些差别？

2. 如果你的老家和你爱人的老家风俗不同，你到你爱人的老家去会怎么做？为什么？

3. 请讲一个有意思的有关民俗的故事。

4. 小表演：孩子去外地上学，回来后发现老家的民俗和自己所在城市的民俗差别很大，有些甚至很落后，因此对家乡人甚至爸爸妈妈不满意，于是有了一场父亲、母亲和儿子之间的小争吵。

回顾与复习二

一、听一听

第 一 部 分

说明：1—15题，这部分题目，都是一个人说一句话，第二个人根据这句话提一个问题，请你在四个书面答案中选择唯一恰当的答案。

1. A. 带礼物　　B. 走了很远的路　　C. 看女朋友　　　　D. 冬天去看人

2. A. 上班了　　B. 去火车站了　　　C. 没接到女朋友　　D. 没上成班

3. A. 读书不应该太快　　　　　　B. 有些书慢慢体会才能读懂
   C. 有时读书太快没有意义　　　D. 不同的书应该有不同的读法

4. A. 得了大病　　　　　　　　　B. 演电影了
   C. 变成了名人　　　　　　　　D. 喜欢签名

5. A. 爱好有的好有的坏　　　　　B. 喜欢泡酒吧
   C. 觉得爱好高雅挺好的　　　　D. 喜欢去看书

6. A. 卖油的　　B. 开车的　　　　C. 推销员　　　　　　D. 卖小商品的

7. A. 不想打仗　　　　　　　　　B. 不想与人争吵
   C. 不想在这件事上花费太多时间　D. 不想做这件事

8. A. 没得到好处　　　　　　　　B. 做事有办法
　　C. 得到的不如失去的多　　　　D. 做事总是没有好办法

9. A. 超越自己就会比较舒服　　　　B. 打破纪录不是什么容易的事
　　C. 做事随着别人很累　　　　　　D. 对自己不满意的人会很累

10. A. 没买东西　　B. 没有时间　　C. 东西太多　　D. 没有成绩

11. A. 没有最精彩的节目
　　B. 精彩的节目一直没出现
　　C. 最好的节目出来前气氛就很热烈
　　D. 大家用热烈的掌声欢迎最重要的节目

12. A. 误会了　　　　　　　　　　B. 不高兴地走了
　　C. 好好地聚会了　　　　　　　D. 批评小李了

13. A. 高雅的人看不起流行文化
　　B. 流行文化都不高雅
　　C. 流行文化的东西没人愿意看
　　D. 所谓高雅的人其实也不高雅

14. A. 会遇到难题　　　　　　　　B. 会信心不足
　　C. 会感到害怕　　　　　　　　D. 会有发愁心理

15. A. 对方一定会超过说话人　　　　B. 对方赶不上说话人
　　C. 对方看不起说话人　　　　　　D. 对方对说话人竖起了大拇指

第 二 部 分

说明：16—35题，这部分题目，都是两个人的简短对话，第三个人根据对话提出一个问题，请你在四个书面答案中选择唯一恰当的答案。

16. A. 跳舞的　　　B. 唱歌的　　　C. 弹琴的　　　D. 说相声的

17. A. 女的不应该追星　　　　　　B. 自己不知怎么追星
　　C. 自己追星的历史很长　　　　D. 女的没什么了不起的

18. A. 男人的爱好比较刺激　　　　B. 安静的爱好更好
　　 C. 女人都喜欢安静的爱好　　　D. 男人也应该有安静一些的爱好

19. A. 觉得李辰莫名其妙　　　　　B. 想知道李辰发生了什么事
　　 C. 李辰可能生病了　　　　　　D. 李辰说了不该说的话

20. A. 他经常搞发明　　　　　　　B. 他得过一等奖
　　 C. 他在这方面水平很高　　　　D. 他遇到了喜事

21. A. 男的希望孩子成为球星
　　 B. 男人的孩子不想踢足球
　　 C. 女的觉得男人的孩子有天分
　　 D. 女的觉得不应该逼孩子踢球

22. A. 男的还可以做别的事　　　　B. 男的不会失败
　　 C. 男的能考上大学　　　　　　D. 男的应该更努力

23. A. 不满意　　　B. 讽刺　　　　C. 佩服　　　　D. 批评

24. A. 打工很苦　　　　　　　　　B. 打工花的时间太多
　　 C. 付出的和得到的不相符　　　D. 付出没有意义

25. A. 小学毕业　　B. 高中毕业　　C. 博士毕业　　　D. 大学毕业

26. A. 对男的乱放东西不满意　　　B. 对男的不会穿衣服不满意
　　 C. 对男的对自己的态度不满意　D. 对男的什么都不会干不满意

27. A. 不应该勉强孩子读书　　　　B. 应该勉强孩子读书
　　 C. 不应该由着孩子的性子来　　D. 应该帮助孩子解决麻烦

28. A. 和妈妈吵架了　　　　　　　B. 每天惹妈妈生气
　　 C. 每天唱歌不学习　　　　　　D. 总是和妈妈对着干

29. A. 那天其实挺热闹的　　　　　B. 大家没玩够就散了
　　 C. 闹洞房太过分　　　　　　　D. 闹洞房也是应该的

30. A. 点心　　　　B. 酒　　　　　C. 茶　　　　　D. 水果

31. A. 不太费精力　　　　　B. 每家亲戚都要公平
　　C. 买东西很麻烦　　　　D. 应该打点一下

32. A. 离婚了很好　　　　　B. 天天吵架没意思
　　C. 妻子和孩子去旅游了很好　D. 男的不用天天和妻子打嘴仗很好

33. A. 说话中听　　　　　　B. 淳朴
　　C. 总是当面说别人坏话　D. 喜欢议论别人短处

34. A. 别人的批评不对　　　B. 对方让自己痛苦
　　C. 对方喜欢说别人的痛处　D. 对方其实和自己一样

35. A. 车上　　　B. 办公室里　　　C. 家里　　　D. 路上

第 三 部 分

说明：36—50题，这部分题目，你将听到几段简要的对话或讲话。每段话之后，你将听到若干个问题，请你在四个书面答案中选择唯一恰当的答案。

36. A. 不想让孩子没有文化　　B. 不希望孩子将来埋怨自己
　　C. 不希望孩子将来和自己一样　D. 不希望孩子将来太穷

37. A. 女的这样做不合算　　　B. 女的太溺爱孩子
　　C. 自己也能像女的那样做　D. 女的这样会更贫穷

38. A. 即使很穷也要给孩子最好的待遇
　　B. 即使没有钱也要重视教育
　　C. 即使孩子将来很穷现在也要重视教育
　　D. 即使教育很穷也不要苦了孩子

39. A. 中学教师　　B. 家长　　　C. 教育学家　　D. 记者

40. A. 因材施教　　B. 培养特长　　C. 培养个性　　D. 鼓励创新

41. A. 批评太多，鼓励太少　　B. 过分强调素质教育
　　C. 对素质教育理解有误　　D. 将素质教育与应试教育对立起来

42. A. 激励教育的效果不好

　　B. 艺术特长不等于素质教育

　　C. 素质教育应该注重个性

　　D. 很多教师、家长对教育的理解存在不当之处

43. A. 喜欢电脑　　　　　　　B. 是个设计师

　　C. 除了电脑外没有别的爱好　D. 经常上网聊天

44. A. 女的丈夫是块木头　　　B. 女的不应该埋怨丈夫

　　C. 女的丈夫不应该这么痴迷　D. 女的丈夫比别人强

45. A. 丈夫不应该这么痴迷电脑

　　B. 丈夫有爱好是应该的

　　C. 丈夫有这个爱好比别的爱好强

　　D. 丈夫需要一些乐趣

46. A. 生动　　　B. 喜庆　　　C. 热烈　　　D. 令人感动

47. A. 杨柳青年画始于苏州的杨柳青镇

　　B. 杨柳青年画现实题材很多

　　C. 杨柳青年画体现了中国的民俗

　　D. 杨柳青年画属于木版画

48. A. 法国　　　B. 美国　　　C. 英国　　　D. 泰国

49. A. 生活气息浓　B. 色调华丽　C. 构图复杂　D. 都市气息浓

50. A. 生动形象　B. 色彩过浓　C. 画面质朴　D. 构图简洁

二、想一想

1. 在第五课至第七课中，我们学过了很多有关人的心理、情绪的词语，请同学们分成两组，比一比哪组说得多，说得快。

第一组

> 失望而归
> 炫耀
> ……

第二组

> 着迷
> 钟爱
> ……

2. 在这几课中，我们还学过一些成语、俗语等，请同学们分成两组，比一比哪组说得多，说得快。

第一组

十年树木百年树人
赶鸭子上架
……

第二组

萝卜白菜各有所爱
顺其自然
……

三、填一填

1. 选用下列词语填空：

兴头　不欢而散　戏弄　耐人寻味　不屑一顾　挑大拇指　虚伪
持久战　轮　扣帽子　落埋怨　由着性子　做白日梦　甩　寒冬腊月
分辨　大腕儿　高雅　高手　纯粹

　　我最近和孩子正在闹别扭。以前我总是尽量理解孩子的想法，觉得自己年纪大了，可能跟不上时代了。可最近我发现，我的孩子整天＿＿＿＿＿，一会儿觉得自己能成为＿＿＿＿＿，一会儿又希望轻轻松松变成某方面的＿＿＿＿。可是真让他吃苦学习，他又＿＿＿＿＿。有一天，我想和他讨论一下这个问题，可他正在上网聊天，我叫他时他正聊到＿＿＿＿＿上，连理也不理我。叫了几声，他嫌我烦，一＿＿＿＿＿手走了，弄得我们俩最后＿＿＿＿＿。现在我才明白我的孩子还没有＿＿＿＿＿是非的能力，要想让他成为将来别人＿＿＿＿＿的人才，现在必须好好管教他，不能＿＿＿＿＿让他胡来。为了将来不＿＿＿＿＿，即使现在他给我＿＿＿＿＿，说我老封建也没关系。也许在这＿＿＿＿＿我们父子的较量中我不会胜利，但我这样做＿＿＿＿＿是为了孩子的将来着想，因此，不管父子间的＿＿＿＿＿拖到什么时候，我也一定要坚持下去，一定要把孩子变成一个实实在在的人，不是一个＿＿＿＿＿的、假装＿＿＿＿＿的人。

2. 选用下列句型填空：

(1) 不是什么 N，可是……　　　　(2) 久而久之

(3) 照这样下去，非……不可　　　(4) 那 N 不输于任何（一+量词）+名词

(5) 让你不由得不……　　　　　　(6) 又当……又当……

(7) 要不……吧？　　　　　　　　(8) ……不说，还……

(9) 一……就，就……　　　　　　(10) ……终于圆了……梦

我刚上大学的时候，迷上了网络游戏。每次＿＿＿＿玩儿＿＿＿＿上瘾，＿＿＿＿控制不住自己，＿＿＿＿感觉＿＿＿＿种享受。那时候，我每天玩儿，手总是握着鼠标。＿＿＿＿，哪天不玩儿就受不了。我知道＿＿＿＿，＿＿＿＿毁了自己＿＿＿＿。因为长时间玩儿游戏浪费时间＿＿＿＿，＿＿＿＿让自己失去了生活的目标，但是游戏这个东西却是＿＿＿＿沉迷其中。因此我决定戒除网瘾，努力考上研究生。经过几年的努力，我＿＿＿＿我的研究生＿＿＿＿。虽然我考的大学＿＿＿＿名牌大学、名牌专业，＿＿＿＿这毕竟是我努力的结果，我对自己很满意。在上研究生期间，我为了锻炼自己的能力，＿＿＿＿老师，＿＿＿＿销售员，积累了丰富的经验。我相信，凭着我的努力，我会有一个美好的未来的。

四、练一练

用"鼓励""劝告""道歉"的表达法填空：

1. 孩子：唉，这次考试又不理想，看来我是完了！

   妈妈：你可别这么灰心，你没听说＿＿＿＿＿＿＿＿＿＿吗？这次不行，再试一次，＿＿＿＿＿＿＿＿＿嘛！

   孩子：可是我已经努力了，为什么没有结果呢？

   妈妈：学习不是一天两天就可以成功的，你要沉住气，＿＿＿＿＿＿＿，慢慢来！

2. 牛牛妈：豆豆妈，今天我儿子打了豆豆，＿＿＿＿＿＿＿＿＿＿＿。

   豆豆妈：没关系，小孩子哪儿有不打架的。牛牛妈，我顺便问一下，你们牛牛是不是参加了英语比赛？我们豆豆为什么死活都不愿意学英语？

   牛牛妈：你别勉强他学习，你没听说＿＿＿＿＿＿＿＿＿＿吗？关键是让他自己自由地选择。

   豆豆妈：可我担心现在由着他的性子玩儿，将来他会落在别人后边。

   牛牛妈：孩子的事，你千万要小心，你心急逼他做了不愿意的事，＿＿＿＿＿＿＿＿＿＿＿。

   豆豆妈：所以我又怕他将来埋怨我，又怕耽误了他，真是两头为难啊！

3. 王勇：苗苗，昨天我说的话不对，_____。

   苗苗：你不用来了，我们分手吧。

   王勇：我知道你生我的气了。我做得不对，_____，
   放过我吧。

   苗苗：我是认真的，不是开玩笑，也不是赌气。我早就想跟你分手了。
   你别解释了，_____，离开我你会找到更好
   的。

   王勇：我对你好你应该知道，我觉得离开我你很难找到像我这么关心你
   的人，_____，你想清楚了再作决定。

   苗苗：我已经想清楚了。别再说了。

4. 甲：李总，真不好意思，这几天你们在上海，可是我太忙，_____。

   乙：哪里，已经给你们添了很多麻烦，_____。

   甲：别这么说，下次来我一定好好招待您。另外，请帮我转告在贵公司
   工作的我的外甥，虽然他取得了一点儿成绩，但别骄傲，一定要
   _____。

   乙：放心吧，我会转告的。

五、编一编

用下列词语中的几个编一段话：

一头雾水　扭着鼻子歪着嘴　发牢骚　迫不及待　起早贪黑　叫苦连天
两手空空　做主　顺其自然　发憷　中听　刀子嘴豆腐心　戳到……的痛处

提示情景：小王给小李介绍了一份工作，可小李因为工作很辛苦对小王不
满意，两个人发生了小矛盾。

六、说一说

1. 你觉得当兴趣和你的学习或工作发生矛盾时应该怎么办？

2. 请你说说现在学校教育和家庭教育中有哪些不好的现象。

3. 年轻人一般比较讨厌陈年旧俗，可是有时又没办法逃避。如果你遇到了
这样的问题，你怎么办？

4. 一个孩子不喜欢弹琴，可是他爸爸非逼他每天弹 5 个小时，因为以前有
人这样做成功了。请你说一段话，劝劝这个孩子的爸爸。

中级汉语听说教程　下册

第八课

常回家看看

听力课文
◎一、回家过年◎

词语例释

覆 (fù) 盖	全部盖上，多用于书面。如： 大地被白雪覆盖着。
归心似箭 (jiàn)	表示回去的心情很强烈。如： 听说妻子生病了，我归心似箭。
寒　意	冷的感觉。如： 冬天要来了，渐渐有了一些寒意。
无影无踪	一点影子也没有，形容消失得很彻底。如： 回家之后我把老师留的作业忘得无影无踪。
掌勺 (sháo)	指做菜。如： 在你们家一般谁掌勺？
年夜饭	除夕晚上的饭。如： 现在很多人都喜欢全家到饭店去吃年夜饭。
温馨 (xīn)	温暖舒服的感觉。如： 我在国外常常想念我那个温馨的家。

记 挂	惦记牵挂。如： 你在外面好好工作，不要记挂我的身体。

沉浸 (jìn)	处在某种美好的环境或某种思想感情中。如： 他沉浸在对往事的回忆中。

练习

一、听后判断

1. 我们结婚已经一年多了，但是没回过老家。 （　　）
2. 公公婆婆不喜欢我们回去，所以我不想回家。 （　　）
3. 婆婆家对我很热情，让我觉得心里很温暖。 （　　）
4. 我们除夕夜一起看了春节联欢晚会。 （　　）
5. 因为雪大路滑，所以妹妹一家没回家过年。 （　　）
6. 这个春节因为时间关系，我们只去了表姑家拜年。 （　　）

二、听后选择

1. "我们"刚回到家的时候，公公端出来什么东西让"我"吃？（　　）

   A. 瓜子和苹果　　　　　　　　B. 柿饼和香蕉

   C. 瓜子和葡萄干　　　　　　　D. 葡萄干和西瓜

2. 在婆婆家是谁做的菜？（　　）

   A. 我　　　　　B. 婆婆　　　　C. 公公　　　　D. 丈夫

3. 妹妹、妹夫是怎么回来的？（　　）

   A. 坐长途车来的　　　　　　　B. 打车来的

   C. 丈夫开车接来的　　　　　　D. 搭别人的车来的

4. 下面哪一项不是表姑见到丈夫后的表现？（　　）

   A. 认不出丈夫　　　　　　　　B. 讲丈夫童年的故事

   C. 高兴地拉着我的手　　　　　D. 喊着丈夫的小名

5. 春节后"我"的心情怎么样？（　　　）

    A. 激动　　　　　B. 幸福　　　　　C. 兴奋　　　　　D. 浪漫

三、听后回答

1. 春节前天气怎么样？

    提示：腊月　覆盖

2. 为什么丈夫非要回家过年？

    提示：盼着　归心似箭

3. "我们"回到乡下，公公婆婆是怎么表现的？

    提示：满脸惊喜　端

4. "我"刚回到家，看到公公婆婆是什么感觉？

    提示：顿时　无影无踪

5. 这个除夕夜"我们"是怎么度过的？

    提示：掌勺　温馨

6. 下雪路滑，妹妹、妹夫是怎么回到家的？

    提示：毫不犹豫

7. 妹妹、妹夫回来后家里怎么样？

    提示：增添　合不拢嘴

8. 春节期间"我们"还干了什么？

    提示：拜访　特意

9. 为什么丈夫非要去看表姑？

    提示：记挂

四、听后思考

1. 描述一下你家人团聚时的情形和感觉。

2. 在你的生活中有没有让你特别牵挂的人？为什么他会让你牵挂？

听 力 课 文
◎二、当丈夫将妻子推进海里◎

词语例释

摧毁 (cuīhuǐ)	用强力破坏、毁坏。如： 我要把这座城市摧毁。
木 板	木头做的板子。如： 这块木板是干什么用的？
性 命	生命。如： 你必须做手术，否则性命难保。
鲨 (shā) 鱼	生活在海洋中的一种凶猛的鱼。如： 我一点儿都不害怕鲨鱼。
苦 笑	心里不高兴而勉强露出的笑容。如： 妈妈苦笑一声说："孩子，你还小，大人的事你不懂。"
欣喜若狂	非常兴奋的样子。如： 你看这些中学生看到明星之后欣喜若狂的样子比过年还高兴。
凶猛 (měng)	气势、力量等凶恶强大。如： 狮子是一种凶猛的动物。
撕 (sī) 咬	用牙撕或咬。如： 那群狼撕咬着一只绵羊。

默哀 (mò'āi)	低头静立，对死人表示哀悼。如： 我们为他默哀三分钟。
祈祷 (qídǎo)	向神祝告求福。如： 我向老天祈祷保佑我的孩子。
割 (gē) 破	用刀子划破。如： 他割破自己的手腕想自杀。
手　腕	连接手和胳膊的地方。如： 你的手腕上怎么有血？
血腥 (xīng) 味	血的难闻的气味。如： 以前这个农贸市场的鸡鸭都是现买现杀的，血腥味让人 受不了，特别是夏天，现在已经不让卖活禽了。

练习

一、听后判断

1. 丈夫是个胆小鬼，妻子对他很不满，但是没办法。　　　（　　）

2. 他们掉到海里后，丈夫因为有刀子所以不害怕。　　　（　　）

3. 鲨鱼来了，丈夫为了逃命把妻子推进海里。　　　（　　）

4. 船上的人为丈夫默哀是因为他是一个勇敢的人。　　　（　　）

5. 如果不是丈夫引开鲨鱼，妻子也会被鲨鱼吃掉。　　　（　　）

二、听后选择

1. 对丈夫的描述哪一项是不正确的？（　　）

　　A. 丈夫胆子很小　　　　　　B. 丈夫很爱妻子
　　C. 丈夫怕死　　　　　　　　D. 丈夫保护了妻子

2. 丈夫为什么把妻子推进海里？（　　）

　　A. 让妻子喂鲨鱼　　　　　　B. 让妻子引开鲨鱼
　　C. 他想自杀　　　　　　　　D. 他想自己引开鲨鱼

3. 丈夫把妻子推进海里之后做了什么？（　　　）
    A. 自己逃跑　　　B. 割破手腕　　　C. 假装爱妻子　　　D. 后悔地哭了

4. 哪一项不是妻子被丈夫推进海里时的心情？（　　　）
    A. 绝望　　　　　B. 惊呆了　　　　C. 高兴　　　　　　D. 难受

5. 轮船上的人没做什么？（　　　）
    A. 救了妻子　　　B. 为丈夫默哀　C. 为丈夫祈祷　　　D. 杀了鲨鱼

6. 船长认为丈夫这个人怎么样？（　　　）
    A. 傻　　　　　　B. 笨　　　　　　C. 勇敢　　　　　　D. 聪明

三、听后回答

1. 夫妻两个出海，回来时发生了什么事？
    提示：摧毁　性命

2. 看到轮船之后他们怎么样？
    提示：欣喜若狂

3. 发现鲨鱼之后丈夫做了什么？
    提示：推　喊

4. 妻子对丈夫的做法有什么感觉？
    提示：惊呆　绝望

5. 后来发生了什么事情？
    提示：凶猛　撕咬　发疯

6. 妻子被救上来之后，船上的人做了什么？
    提示：默哀　祈祷

7. 为什么船长说丈夫是他见过的最勇敢的人？
    提示：望远镜　割破　血腥味

四、听后思考

1. 你怎么看待课文中的丈夫？
2. 你觉得夫妻之间应该是一种什么样的感情？

叙述性口语课文
◎ 亲 情 无 价 ◎

有一种感情是发生在亲人之间的，这就是我们所说的亲情。亲情对每个人来说都是很珍贵的，是无价的，正是有了亲情的存在，才使得人们对家充满了向往。每当人们谈到亲情，总有说不完的故事和感受。

李辛欣，女，15 岁，中学生

一谈到亲情，我就想起了我的姥姥。小时候由于父母工作忙就把我送到姥姥家，所以是姥姥一手把我带大的。我身体很弱，经常生病。一次，我得了气管炎，咳得特别厉害，姥姥又是熬梨水，又是让我吃苹果，可是仍然没见好。姥姥急了，背起我就去了医院，生怕我的病会引起其他问题。现在姥姥已经七十多岁了，可依然每天为我做饭，包揽全部家务，不让我插手。每次看到姥姥为我忙碌的身影，我心中就充满了感激，暗暗想一定要好好学习，将来报答姥姥。

刘华冰，男，32 岁，公司职员

在有孩子以前我对亲情考虑得很少，总觉得男人嘛，志在四方。对家我也很少留恋，到了假期常潇洒地背起背包四处游玩。即使结了婚，漂亮的妻子也没有拴住我那颗爱玩儿的心，对此妻子常常埋怨。可是自从我们的宝宝出生之后，我开始恋家了，再也不想在外面多待片刻，出差时也常想着儿子的笑脸。这个小生命给我们的生活带来了无限生机和乐趣，看着儿子一天天长大，我更深刻地体会到"养儿方知父母恩"这句话的深刻含义。

蔡明琴，女，43 岁，教师

我有一个好友，事业非常成功，可是在一次聚会中他却痛苦地哭起来，那一天是他父亲一周年的忌日。他对我们说他很后悔自己只顾忙事业，没有在父亲生命的最后一段时间陪伴他，甚至连父亲最后一面也没见到。父亲走了，自己有再大的成就也弥补不了对父亲的内疚，有再多的钱也不能换回父亲的生命。所以我们不管怎样，一定要趁着父母还健在，好好对他们，珍惜和他们相处的每一刻，免得以后后悔！

黄嵘博，男，61岁，退休干部

亲情就是体贴，就是有人关心你。这个人你平时没觉得她多重要，可是离开她还就不行，我说的这个人就是我老伴儿。我们老两口吵吵闹闹一辈子，可是打是亲，骂是爱，老伴儿的唠叨声我听着是最舒服的声音。特别是去年退休这一年让我真正知道了什么是"少时夫妻老来伴儿"。我忙惯了，刚一退休，每天觉得坐也不是站也不是的，多亏了老伴儿每天开导我，陪伴我，帮我调节生活，使我找到了新的生活目标。活到我这个岁数，才算明白爱情只有慢慢变成一种亲情才能成为最稳固的感情。

曹娟淑，女，76岁，医生

我认为亲情是一种牵挂。我小时候家里没有电话，更没有手机，每天傍晚家中只要有一个人晚归，奶奶就会一遍遍出去到路边等着，直到看到家人全都平安回来，她才放心回屋休息。那时不理解奶奶，觉得何必那么麻烦呢。现在我也当奶奶了，孩子们都在外地工作，我虽然不常见到他们，但是我心里天天想着他们，挂着他们。有了这种经历我才明白亲人之间爱的感觉常常表现在这种牵挂上。你们年轻人恐怕还理解不了吧？

词语例释

向　　往	理想；追求。如： 我特别向往你那种生活。
熬（áo）	用小火慢煮。如： 这种汤要用温火慢慢熬。
生　　怕	怕，担心。如： 她不让孩子独自出门儿，生怕孩子出事儿。

忙　碌	忙。可重叠为忙忙碌碌。如： 爸爸每天忙忙碌碌的。
报　答	用实际行动表示感谢。如： 你帮了我那么多忙，我真不知道怎么报答你。
志在四方	人应该有远大的志向，不应该只守在家里。如： 好男儿应该志在四方。
留　恋	舍不得离开或舍弃；对往日、往事的怀念。如： ① 临毕业时，同学们对学校都十分留恋。② 人不要总是留恋过去。
拴 (shuān) 住	捆住。引申指心思被某人或某事吸引住。如： 你的心全被那个坏女人给拴住了。
养儿方知父母恩	有了孩子之后才知道父母的恩情。如： 养儿方知父母恩，我现在真是理解父母了！
忌 (jì) 日	指父母或其他亲属去世的纪念日。如： 昨天是我母亲的忌日，我忘了。
弥 (mí) 补	补偿，赔偿。如： 你给我再多的钱也不能弥补你欠我的感情。
健　在	健康地活着，一般用于指老年人。如： 我的奶奶还健在，已经九十多岁了。
打是亲，骂是爱	对自己的子女严厉管教往往是出于爱护，也指相爱男女之间的打斗和争吵是表示疼爱。如： A：你别再打孩子了。B：我是为了他好，你没听说嘛，打是亲，骂是爱。
少时夫妻老来伴儿	年轻时结为夫妻，相亲相爱，到老了更是相依为命，谁也离不开谁。如： 有一种观点认为当爱情随着时间的流逝转化为亲情时，也就是通常所说的"少时夫妻老来伴儿"，家庭才稳固。

开　导	启发人明白道理。如： 我一有烦恼时他就会开导我。

一、用课文中的词语表达

1. 这种中药必须放在水里多煮一会儿。

   提示：熬

2. 妈妈刚做完手术，我们不敢大声说话，怕把她吵醒了。

   提示：生怕

3. 现在很多父母一心一意让孩子读书学习，一点儿家务也不让孩子做。

   提示：包揽

4. 男子汉不能总在父母身边转悠，应该出去闯闯。

   提示：志在四方

5. 因为那个美丽的姑娘，我留在了这个原本不喜欢的城市。

   提示：拴住

6. 我以前不知道父母的辛苦，现在自己有了孩子也就能体会到父母当年多累了。

   提示：养儿方知父母恩

7. 明天是父亲去世一周年，我们都回家上坟。

   提示：忌日

8. 我以前做过对不起你的事情，我现在做什么也不能让我原谅自己的过错。

提示：弥补

9. 她那样骂你是因为心疼你，你怎么连这一点也看不出来？她怎么不骂我呢？

提示：打是亲，骂是爱

10. 我退休之后才实实在在地感到老伴儿在我生活中的重要性。

提示：少时夫妻老来伴儿

11. 这个地方太小了，我们进来之后不知道该往哪儿站。

提示：坐也不是，站也不是

二、用课文中的句型表达

1. 是……一手把……的
例句：我从小失去父母，是奶奶一手把我抚养大的。
(1) 我能坐到今天这个位置，完全是靠董事长的提拔。

(2) 这个技术完全是他把我教会的。

2. 又是……又是……，可是……
例句：我又是给她买花儿，又是给她买衣服，可是她就是不喜欢我。
(1) 你给他买书，给他买电脑，但他不爱学习你也没办法。

(2) 他给我道歉，还给我买礼物，但是我就是不能原谅他。

3. 只顾……，没有（/不）……，甚至……
例句：他只顾学习，没有时间锻炼身体，甚至生了病也不去医院看。
(1) 我弟弟就爱玩儿，不喜欢上学，初中都没毕业。

(2) 她光看书了，忘了厨房里烧着水，水烧没了她也不知道。

4. 有再多……也……

例句：为了这两个孩子，有再多的苦我也会忍受的。

（1）我不想在那家公司干了，别说是给我 10 万，给我 20 万我也不干。

（2）办这件事很困难，但是你放心我一定会帮你解决的。

5. A 也不是，B 也不是

例句：孩子有时候说的一些话让你哭也不是，笑也不是。

（1）这个人脸皮太薄，他做错了事情你不能说他，更不能骂他。

（2）他说这些话让我们走也不好，不走也不好。

三、思考和表达

1. 你觉得亲情对一个人意味着什么？
2. 请讲一个发生在自己身上的亲情故事。
3. 请采访三个不同的中国人，记录并叙述一下他们的亲情观。

对话性口语课文
◎ 常回家看看 ◎

周末了，李小洁带着孩子去奶奶家，在路上等车的时候遇到了单位同事王明亮。

王明亮：李姐，你这是带着孩子去哪儿啊？

李小洁：是小王啊，我们去他奶奶家，周末了，老人想孩子，孩子也想他爷爷奶奶，这不，一大早就打电话催我们过去了。

王明亮：人们都说"隔辈儿亲"，这话说得一点儿没错。

李小洁：可不是，一个星期不见就想得慌。老人现在退休了，在家里闲着，就盼着我们周末回去热闹热闹。现在孩子也少，一个人在家没意思，也喜欢人多凑热闹。

王明亮：我真美慕你们和父母住在一个城市的人，周末可以经常聚在一起，还可以尽尽孝心。我们在外地工作，离家远，一年也回不去一两趟。

李小洁：不过要是每个周末都回去的话也挺累的，毕竟咱们现在工作忙，事情多，你看，今天孩子他爸又去外地出差了。

王明亮：是啊，你们这样跑来跑去的的确挺辛苦的，要是工作忙，连续几周不去，你心里肯定还挺惦记的，家离得近，牵挂就多，不像我们离了千儿八百里的，平时也就是打个电话问候一下。

李小洁：你说得还真是那么回事，上个月我们都忙，孩子也考试，没回去，就觉得从心里过意不去。

王明亮：老人年纪大了，不仅生活上需要照顾，心理上也需要有人安慰。

李小洁：没想到你心这么细，对老人的心理也这么有研究，在家里肯定是个大孝子。

王明亮：我是很想孝顺孝顺，可是现在连个像样的窝也没有，希望早点儿有个家，把父母接过来享享福。

李小洁：你有这份心，父母就很高兴了，有时间就回家看看，没时间多打几个电话问候一下，父母也会知足的。对了，再过两个星期就要过年了，你还不准备准备？

王明亮：我这不是正好趁周末出来逛逛嘛，准备点儿年货，再把车票订上，去年就是因为订票订晚了，大年三十没赶回去，让父母很失望。

李小洁：那可得抓紧时间，春节前这段时间票可挺紧张的。

王明亮：说的是，早买好票，家里也放心，都盼着早回去呢！

李小洁：对啊，大家一年都各忙各的，到春节要是还没法聚一聚热闹热闹那多没劲啊。

王明亮：就是。哎，李姐，车来了，你快上车吧！

李小洁：那我们先走了！晓晓，快上车，去奶奶家喽！

词语例释

| 催 (cuī) | 让加快速度。如：
你别再催我了，我马上就弄好了。 |

隔辈儿亲	一般指爷爷奶奶辈对孙子辈更亲。如： 奶奶见到孙子乐得合不拢嘴，真是隔辈儿更亲。
尽孝心	对长辈孝顺的行为。如： 我们做儿女的应该为父母尽点孝心。
大孝子	特别孝顺的儿子。如： 你真是个大孝子，这么精心照顾生病的父亲。
享福	生活好，享受幸福生活。如： 去成都旅游，你会发现那里的老人聚在茶馆里听戏、聊天儿、打麻将，可会享福了。
知足	满足。如： 他这样对我我已经很知足了。
年货	过年时用的物品。如： 过年单位发了一些年货。

表达拓展　"同意、赞成、附和" 的表达法

　　课文中出现了一些表示"同意、赞成、附和"的表达法。如："可不是""对啊""说的是""就是"，都是表示同意对方的看法。除此之外，汉语中还有很多类似的表达法。如：

1. 是这么个理儿

　　表示认为对方说的有道理。如：A：他没出这份儿力，当然就不能给他这份报酬了，你说是不是? B：对对对，是这么个理儿。

2. 我也是这么想的

　　表示和对方的想法一样。如：A：我们还是早点回去吧！B：我也是这么想的。

3. 谁说不是呢

　　用反问语气表示同意对方的观点。如：A：都说六月的天像孩子的脸，说变就变。B：谁说不是呢！你看刚才还好好的，现在就下起雨来了。

4. 真是个好主意

表示赞同对方的想法。如：A：我们明天去爬山吧？B：真是个好主意，我现在就准备准备。

5. 那还用说

反问语气，表示当然不用问了。如：A：你和我结婚是因为你爱我吗？B：那还用说？不爱你怎么会和你结婚呢？

6. 举双手赞成

表示非常赞成。如：A：今年春节咱们去旅游吧？B：太好了，我举双手赞成。

一、用正确的语气语调朗读下列句子

1. 这不，一大早就打电话催我们过去了。

2. 人们都说"隔辈儿亲"，这话说得一点儿没错。

3. 可不是，一个星期不见就想得慌。

4. 是啊，你们这样跑来跑去的的确挺辛苦的。

5. 你说得还真是那么回事儿。

6. 再过两个星期就要过年了，你还不准备准备？

7. 可不是嘛！早买好票，家里也放心，都盼着早回去呢！

二、用课文中的词语表达

1. 我的手机欠费了，电信公司天天让我交钱。

提示：催

2. 爷爷见到孙子亲得不得了，我们看着都很羡慕。

提示：隔辈儿亲

3. 年轻人不能总想着往外跑，到了一定年龄也应该想想父母。

提示：尽孝心

第八课 常回家看看

4. 你已经这么大年纪了，就别出去干活儿了，在家里休息休息吧！

　　提示：享福

5. 你现在每个月能挣我三倍的钱，还嫌少？

　　提示：知足

6. 周末，我和丈夫一个看书，一个上网，没有时间一起玩儿。

　　提示：各 V 各的

7. 昨天的足球赛特别没有意思，我们队又输了。

　　提示：没劲

三、用"同意、赞成、附和"的表达法填空

A：老李，咱俩可是多年的老朋友了。

B：＿＿＿＿＿＿＿＿＿＿！咱们从认识到一起打仗，再到一起工作已经五十多年了。

A：＿＿＿＿＿＿＿＿＿＿，这几十年咱们可是一起经历了不少风风雨雨啊！

B：＿＿＿＿＿＿＿＿＿＿！你说咱们现在退休了，每天闲着还真有点儿不习惯。

A：＿＿＿＿＿＿＿＿＿＿，我说咱俩能不能把咱们的那些经历写成一本书呢？

B：＿＿＿＿＿＿＿＿＿＿，就是写回忆录了。

A：＿＿＿＿＿＿＿＿＿＿，这样把咱们的故事写出来，也可以让后人通过咱们的故事了解一下那个年代的历史。

B：＿＿＿＿＿＿＿＿＿＿，那咱们抽空就一起聊一聊，想一想吧！

A：＿＿＿＿＿＿＿＿＿＿，咱们这不就有事儿干了？

四、表演

1. 请表演一下爷爷和孙子见面的场景。

2. 表演一下女儿从国外留学回来见到父母的场景。

五、学唱中国歌《常回家看看》，并理解其中的含义

常回家看看

找点空闲，找点时间，领着孩子常回家看看。

带上笑容，带上祝愿，陪同爱人常回家看看。

妈妈准备了一些唠叨，爸爸张罗了一桌好饭。

生活的烦恼跟妈妈说说，工作的事情向爸爸谈谈。

常回家看看回家看看，哪怕帮妈妈刷刷筷子洗洗碗。

老人不图儿女为家做多大贡献呀，一辈子不容易就图个团团圆圆。

常回家看看回家看看，哪怕给爸爸捶捶后背揉揉肩。

老人不图儿女为家做多大贡献呀，一辈子总操心就奔个平平安安。

第九课

吃不了兜着走

听 力 课 文

◎ 一、妈妈的持家之道 ◎

词语例释

持　　家	料理家务。如： 我妈妈很会持家。
取之不尽， 用之不竭 (jié)	资源等多得用不完。如： 地球上的资源并不是取之不尽，用之不竭的。
手头紧	缺钱，经济紧张。如： 最近，我手头紧，能不能借点儿钱给我？
冲 (chòng)	本文表示花钱太快太多。如： 最近，你花钱怎么这么冲？
如　　数	按照原来的或规定的数目。如： 你每个月的工资应该如数上交。
抗　　议	用语言或行动表示非常强烈的反对。如： 我向你抗议，你们不应该这样对待外国游客。
精打细算	（过日子等）仔细地计算。如： 过日子就得精打细算。

过 不 去	为难。如： 放心吧，他不会跟你过不去的。
碴儿 (chár)	指提到的事情或刚说完的话。如： 我说完以后，大家根本没理我的碴儿。
刀 刃 儿	原指刀锋利的地方。本文指关键的地方。如： 你花钱应该花到刀刃上。

练习

一、听后判断

1. 我家是三口之家，生活不太富裕。　　　　　　　　（　　）
2. 我从小就觉得钱来得很容易。　　　　　　　　　　（　　）
3. 我没有钱的时候就向妈妈要。　　　　　　　　　　（　　）
4. 我家里最早是爸爸负责家里的各种花销。　　　　　（　　）
5. 我和爸爸实在受不了，决定跟妈妈当面谈谈。　　　（　　）
6. 家里第一个月省下来的钱有400块捐给了"希望工程"。（　　）

二、听后选择

1. 妈妈因为什么看不过去？（　　）
   A. 爸爸不给我零花钱　　　　　B. 爸爸和我花钱不节制
   C. 爸爸每个月的工资不上交　　D. 我手头紧就向妈妈要钱

2. 妈妈控制家庭财务权的过程中，下列哪项是错误的？（　　）
   A. 我的零花钱由妈妈给　　　　B. 命令爸爸交出家庭财务权
   C. 爸爸每月的工资如数上交　　D. 给我和爸爸写了一封抗议信

3. 我和爸爸抗议的结果是（　　）
   A. 被妈妈当面拒绝　　　　　　B. 妈妈没有直接反应
   C. 妈妈改变了做法　　　　　　D. 晚上妈妈不理我们

4. 以前"我"家每个月的开销是（　　）

A. 700 元　　　　　B. 400 元　　　　C. 1400 元　　　　D. 300 元

5. 根据录音内容，下列哪项是错误的？（　　）

A. 省下来的钱都用在了该用的地方

B. 我和爸爸仍然不高兴

C. 妈妈有孝心和爱心

D. 妈妈比爸爸会打算

三、听后回答

1. "我"家的情况怎么样？

提示：不愁吃不愁穿　　小康之家

2. "我"小时候，对钱是怎么看的？

提示：取之不尽，用之不竭

3. "我"什么时候会向爸爸要钱？

提示：手头紧

4. "我"上初中以后，妈妈为什么要控制家里的财务权？

提示：冲　强不了多少　看不过去

5. "我"和爸爸的抗议信的主要内容是什么？

提示：再怎么……也算得上……　非得什么事都……　过不去

6. 抗议的结果怎么样？

提示：理……的碴儿

7. 妈妈是怎么使用省下来的钱的？

提示：以……的名义　捐

中级汉语听说教程　下册

8. "我"对妈妈的看法发生了哪些变化？

提示：持家有方　刀刃

四、听后思考

1. 你觉得录音中妈妈的做法值不值得提倡？为什么？

2. 除了录音中谈到的方式，你觉得节省下来的钱还可以用在哪些方面？

3. 除了家庭节约以外，你觉得社会上还有哪些需要节约的方面？

听力课文

◎二、中国餐饮消费浪费惊人◎

词语例释

走访	（领导、记者等）访问，拜访。如： 省委书记这次走访了十户贫困家庭。
遍布	分布到所有的地方。如： 现在互联网已经遍布全世界了。
随处可见	随便一个地方都能看见。如： 这个城市的建设发展真快，高楼大厦随处可见。
出手	本文指花钱。如： 那个大款有的是钱，所以出手大方得很。
碍（ài）于面子	怕面子上过不去。如： 因为碍于他爸爸的面子，我们没有开除他。
倡（chàng）导	带头提倡。如： 我们应该倡导文明的生活方式。

| 杜（dù）绝 | 制止，消灭（不好的事）。如：
我们应该采取措施杜绝此类事故再次发生。 |

练习

一、听后判断

1. 记者到上海各大餐饮场所是为了专门调查餐饮浪费现象的。　　　（　　）
2. 上海市共有 50 家酒店被列入星级酒店，小型饭店更是多如牛毛。（　　）
3. 家庭聚餐，一些没吃完的菜，会打包带给没参加聚餐的家人吃。（　　）
4. 在饭店请朋友吃饭或者商务宴请比较流行打包。　　　　　　　（　　）
5. 饭店宴请，主人和客人不习惯打包主要是怕别人说自己小气，面子上过
   不去。　　　　　　　　　　　　　　　　　　　　　　　　　（　　）

二、听后选择

1. 记者走访上海各大餐饮场所的最初目的是什么？（　　　）
   A. 调查上海餐饮浪费现象
   B. 调查餐饮消费在饮食消费中的比例
   C. 调查中低档饭店餐饮浪费现象
   D. 调查上海星级宾馆餐饮浪费现象

2. 在中高档饭店就餐的人点菜的特点中，下列哪项没提到？（　　　）
   A. 出手大方　　　　　　　　B. 点的菜多而且贵
   C. 非常热情　　　　　　　　D. 喜欢预约

3. 小餐馆里的消费者点菜时不太重视什么？（　　　）
   A. 节约　　　　B. 实惠　　　　C. 够吃　　　　D. 气派

4. 根据录音内容，在哪种场合吃饭的人最可能会打包？（　　　）
   A. 自家人在小饭馆聚餐　　　B. 朋友在小饭馆吃饭
   C. 朋友在饭店聚餐　　　　　D. 商务宴请

三、听后回答

1. 上海餐饮场所多不多？浪费现象普遍吗？
   提示：遍布　　如此之多　　可以说是　　随处可见

2. 文章中谈到的餐饮浪费的典型细节是什么？
   提示：骨架　　剩一多半　　好几样　　结账走人

3. 记者发现，在中高档饭店就餐的人点菜的特点是什么？
   提示：出手　　　以示

4. 在小餐馆里就餐的人点菜时一般是怎么想的？
   提示：考虑　　实惠

5. 按照录音内容，通常的情况下，自家人聚餐，如果有人没来，饭后一般
   会怎么做？
   提示：一般来说　　　打包

6. 在饭店请朋友吃饭或商务宴请，主人和客人为什么不习惯打包？
   提示：碍于面子

7. 文中的王先生为什么点很多菜？最后结果怎么样？他们为什么不打包？
   提示：难得　　结果　　没面子

8. 记者认为，人们在就餐时应该树立什么观念？
   提示：改进　　倡导　　崇尚　　杜绝

四、听后思考

1. 你请朋友吃饭，如果剩下很多菜，你会不会打包？为什么？
2. 你们国家朋友请客吃饭考虑的内容跟中国人有什么不同？请简单谈谈。
3. 谈谈在你们国家餐饮消费是否存在浪费现象，具体表现在哪些方面。
4. 除了餐饮消费的浪费，你觉得浪费还包括哪些方面？

叙述性口语课文

◎扒拉一下节约的小算盘◎

李翰，男，18 岁，高中生

现在人们都说中学生最不会过日子，花钱大手大脚，毫无节制。我也觉得有的人花起钱来一副公子哥儿的派头很可恶。可父母那代的人一分钱恨不得掰成两半花，我也不赞成。我就最不愿意和我妈出去买东西，为了一两块钱她能跟卖东西的磨半个钟头，买个菜也和人家菜农斤斤计较，磨半天嘴皮子便宜不了五毛钱，你说值得吗？爷爷奶奶那辈的就更别提了，他们过日子那简直不叫节约，就是抠门儿。比方说啊，哪个月的水电费要是多花了几块钱他们就心疼坏了，晚上宁肯早睡觉也要节约电，真是没治了！

周正，女，35 岁，作家

我从小也是穷人家的孩子，长大后不知怎么就忘了本，什么东西不喜欢了就扔掉，直到有一天我妈来我家小住，看见我花钱满不在乎的样子，她哭了。她一边哭一边数落我："这日子才好过几天你就烧成了这样？你要是真有钱怎么不拿出来帮几个苦孩子呢？老家有多少孩子连学都上不起，你却随便糟蹋钱。真是败家子！"我好像被我妈当头一棒打醒了。是啊，我的钱是我挣的，可也是社会给我的机会，钱多了我有什么权利随意浪费呢？从那天起，我省吃俭用，攒下的钱全部捐给"希望工程"。我觉得现在的生活很有意义。

钱易，男，45 岁，公司经理

我对节约的看法是该花的钱即使再贵也一定要花，不该花的钱哪怕一分也绝不乱花。我的想法也是经过了一个变化过程的。年轻时没钱，干什么都很节约，恨不得从牙缝儿里省钱。后来自己干，有了点儿钱，开始和别人比阔，什么贵买什么。慢慢地，心里越来越不平衡，因为身边比我有钱的人太多了。有的朋友就劝我，钱是你辛辛苦苦一分一厘地挣回来的，何必为了面子让钱打了水漂呢？我一想也是这个理儿，从那儿以后我又变成了花钱比较节制的人了。

龙彦，女，40 岁，环保工作者

我年轻时花钱牛气得很，那时谁要在我面前提"节约"两个字，我就觉得这人特俗。为了表现自己的浪漫，我连晚上睡觉也开着橘红色的夜灯，一天恨不得洗三次澡。在我的意识里，一吨水、一度电才几个钱，有什么必要去节约？后来，我去西部旅游，当地严重缺水，每人每天平均只能用一瓢水，我惊呆了。打那儿起，我才明白，水是大自然给予我们的宝贵资源，谁也没资格浪费它。我彻底醒悟了，从此开始做起了环保工作，不但自己提倡节约，而且号召全社会一起来爱惜资源。

郭强，男，50岁，公务员

以前大家对节约的认识很片面，都觉得少花点儿钱就是节约。现在我们国家不是提倡建设"节约型社会"吗？经过宣传大家才接受了节约的观念。以前办公室里总是长明灯，公共洗手间里总见到长流水。现在大家离开办公室时都有意识地看一下灯关了没有，水龙头拧紧了没有。夏天开空调我们也尽量调高几度，冬天则开低一点。开车出去等人的时候车赶快熄火，洗车也不再用水管子对着车猛冲一气。这些看起来都是小事，可全社会合起来就是了不得的大成绩。你说对吧？

词 语 例 释

扒 拉	拨动（算盘等）。如： 我扒拉了一下，这月的开销是 1000 块。
掰 (bāi)	用手把东西分开或折断。比喻双方出现矛盾或断绝交往。如： ① 把馒头掰成两半。② 夫妻俩闹掰了。
磨	摩擦。这里指跟对方反复讨价还价。如： ① 我劝了他半天，嘴唇都快磨破了。② 我跟那个老板磨了半天，他终于答应再便宜一百块钱。
忘 本	生活变好后忘掉自己原来的艰苦情况。如： 现在生活富裕了，也要注意节约，想想过去，不能忘本。

数（shǔ）落	把错误列举出来并责备。如： 今天我被母亲数落了一顿。
烧	因为财富多而不节制地花费。如： 你是不是有两个钱就烧得不知道姓什么了？
糟蹋（zāotà）	浪费；损坏。如： 你别这么糟蹋粮食。
当头一棒	比喻使人突然醒悟的批评或给人以突然的打击。如： 老师的话给了我当头一棒。
省吃俭用	生活方面非常节省。如： 生活就得省吃俭用，精打细算。
比　阔	比一比谁更富有。如： 有些有钱人喜欢比阔。
平衡（héng）	对立的双方力量相等，也指心理上的感觉。如： 别人都买车，他的心理开始不平衡了。
打水漂	指钱财白白丧失，没取得效果。如： 花了那么多钱买彩票，最后都打了水漂。
牛　气	比喻很骄傲的样子。如： 那个大款说话牛气得很。
醒　悟	在认识上由模糊而清楚，由错误而正确。如： 在老师的教育下，他醒悟了。
号　召	宣传大家去做某事。如： 我们号召大家说普通话。
片　面	事物的某一个方面，也指说话、做事或思考问题偏于某一方面。如： 你看问题太片面。

| 拧 (nǐng) | 控制物体向里转或向外转。如：
瓶盖儿太紧，拧不开。 |

一、用课文中的词语表达

1. 我哥哥有"啤酒肚"，走起路来很像大老板。

   提示：派头

2. 我家以前非常穷，孩子又多，父母花钱非常节省。

   提示：掰

3. 我姐姐跟卖衣服的讨价还价好长时间，人家才便宜了10块钱。

   提示：磨

4. 我小时候家里穷得很，可我工作以后花钱大手大脚，妈妈批评我忘了以前的苦日子。

   提示：忘本

5. 夫妻吵架的时候，妻子经常喜欢一件一件地说丈夫以前的不是。

   提示：数落

6. 小刘近几年赚了不少钱，于是出手也变得非常大方，打一次高尔夫球就花了一万多块钱。他妈妈知道以后，很不客气地数落他。

   提示：烧

7. 我原以为自己这次肯定能通过考试，但是考试结果却让我非常失望。

   提示：当头一棒

8. 生活艰苦的时候，为了省钱，我恨不得不吃饭，身体差点儿垮了。

　　提示：从牙缝里省钱

9. 他买了十万块钱的彩票，但是一张都没中奖，钱都白扔了。

　　提示：打水漂

10. 好多男人好吹牛，就说我丈夫吧，他跟同学见面总是胡乱吹牛。

　　提示：……一气

二、用课文中的句型表达

1. 都……，……就更别提了

　　例句：就他那水平，考过 4 级都成问题，8 级就更别提了。

　　(1) 这次考试，优等生的成绩都很低，我们水平差的学生就不用说了。

　　(2) 她说的话连老师都听不懂，我们就不用说了。

2. 那简直不叫……

　　例句：那个小饭馆儿太不卫生，那简直不叫饭馆，叫垃圾场还差不多。

　　(1) 那小两口每天打架，今天摔电视，明天砸玻璃，那不是过日子的样子。

　　(2) 那个饭店的饭菜太难吃，好像猪食。

3. 宁肯……也要

　　例句：今天晚上，我宁肯不睡觉也要完成作业。

　　(1) 为了通过考试，我瘦 20 斤也愿意。

　　(2) 父母为了省钱让孩子上学，一天吃两顿饭也觉得无所谓。

4. 才……就……

　　例句：小兰，才几岁你就谈恋爱？

　　(1) 你来中国学汉语刚一个月，你不想学了，这怎么行？

（2）你们结婚三个月，就想离婚，你们是不是再考虑考虑？

5. 有多少……连……都……

例句：老家有多少孩子连学都上不起，你却随便糟蹋钱。

（1）我每天大手大脚花钱，妈妈教育我说，中国西部很多孩子上学时都没有书包。

（2）你知道吗？在你们老家，很多家庭一年到头吃不饱饭。

6. 该 V 的 N+V，不该 V 的 N 一+量词+也不 V

例句：该花的钱即使再贵也一定要花，不该花的钱哪怕一分也绝不乱花。

（1）你为什么买这么多衣服？以后要注意，需要的买，不需要的绝对不能买。

（2）每个人都要遵守法律，有些事情可以做，有些事情坚决不能做。

三、思考与调查

1. 有人说节约是一种美德，你怎么理解？

2. 请给老师和同学提一些节约的小建议。

3. 请调查一下你周围同学的节约和浪费的行为，谈谈节约和浪费主要表现在哪些方面。

对话性口语课文

◎ 日子该怎么过？ ◎

妈妈：晓刚，再过几天就是中秋节了，我们合计合计该买点儿什么菜，到时候一家人好好地聚一聚。

晓刚：妈，您就放心好了，到时候我在外面订一桌不就得了！在家里又得买，又得做，还得洗，多麻烦！

妈妈：你这孩子，说得倒轻巧！你以为我不知道出去省事吗？可在外面吃饭多贵啊！

晓刚：反正又不用您花钱，您心疼什么呀！我们几个孩子挣得都不少，您就好好跟着享享清福吧。

妈妈：我可没那个福分。不是我说你们，你们几个花钱那个劲儿真让我担心。你们现在挣得是不少，可也得为将来打算一下，能省就省着点儿，别这么胡吃乱喝的。

晓刚：妈，您这都是老皇历了，得给您换换脑子了。现在的人，有了钱就花，花完了再赚，这样生活才有动力嘛。否则钱都放在银行里，那还赚个什么劲儿？

妈妈：我是说不过你，可我知道老话说得没错，你没听俗话讲"吃不穷，穿不穷，算计不到一世穷"吗？你们现在过日子哪儿还有什么算计？

晓刚：你们倒是算计了一辈子，可看看你们攒下了什么？除了这套房子别的什么都没有，可见日子不是靠算计就能过好的。

妈妈：唉，儿大不由娘啊。我知道我说什么你也听不进去，可是，我也告诉你，中秋节说什么我也不去外面过。

晓刚：妈，您别这样，您一辈子省吃俭用的，我们想孝顺您一下您也不给我们机会吗？

妈妈：上次出去吃饭，你们点了一大桌子菜，我越说够了你们越来劲，最后剩得满盘子满碗的，有的才动了几筷子就都扔了，看得我心都打哆嗦。哪儿有这么糟蹋东西的？不去了，说什么也不去了！

晓刚：妈，我知道错了还不行吗？这次我们一定少点点儿菜，吃不完咱们就打包带回来，好不好？

妈妈：你真能这样？

晓刚：我向您打包票，不信您就试试看嘛！

妈妈：唉，妈老了，可心还是一点儿不少操，什么时候你们都能仔仔细细地过日子我也就放心了。

晓刚：这还不容易吗？您等着看就行了！

妈妈：你呀，光长一张好嘴！不跟你怄气了，我跟你爸说说去，看他同不同意！

词语例释

轻 巧	一般指（说起来）简单容易。如： ① 你说得倒轻巧，想买就买，可这钱从哪里来？② A：我觉得我半年就可以过8级。B：你说得倒轻巧。
清 福	清闲舒服的生活。如： 退休了，终于可以享两天清福了。
老 皇 历	比喻陈旧过时的规矩。如： 你说的都是老皇历了，现在是什么时代，都时兴自由恋爱，哪还有让父母包办婚姻的？
来 劲	有劲头儿。如： ① 这书真有意思，我越看越来劲儿。② 我允许你今晚可以少喝点儿酒，可你怎么越喝越来劲？行了，别喝了。
怄（òu）气	闹别扭，生闷气。如： 怎么，你又跟丈夫怄气了？

表达拓展   "保证"的表达法

本课用到了一些"保证"的表达法。如：

1. 你就放心好了

让别人不要担心，保证一切没问题。如：① 张老板，你就放心好了，货明天肯定到。② 你就放心好了，我不会骗你的。

2. 我向你打包票

对事情有绝对把握时，向对方保证。如：我向你打包票，这件事三天以内一定完成。

除此之外，汉语中还有很多"保证"的表达法。如：

1. 谁撒谎谁不是人

保证自己的话是真实的。如：我说的绝对是真的，谁撒谎谁不是人。

2. 我如果撒谎（/有〈说〉半句假话），我的姓倒着写

意思是如果自己说假话，就自己羞辱自己。如：这次考试，你肯定过不了8级，如果你过得了8级，我的姓倒着写。

3. 骗你是小狗

孩子或者很年轻的人保证自己的话是真的时常用的一种表达法。如：你真的考了第一名，我骗你是小狗。

4. 我对天发誓

表示通过发誓的方式保证自己的话或者行为是真的。如：① 我敢对天发誓，我一生只爱你一个人。② 我敢对天发誓，我绝没有做过对不起你的事。

5. 我如果……，天打五雷轰

以诅（zǔ）咒（zhòu）的方式让人相信自己的话。如：那架飞机真的发生了事故，我如果说半句假话，天打五雷轰。

6. 我敢拍胸脯

拍胸脯是表示担保的一个动作，用拍胸脯的方式来保证没有问题。如：我敢拍胸脯保证，下次考试我一定过8级。

7. 我拿脑袋保证

敢以生命做担保。如：我敢拿脑袋保证，这件事绝对不是我干的。再如：我敢拿脑袋保证，她不是那种忘恩负义的小人。

8. 你就瞧好吧

指让别人放心地等好结果。如：张老师，您就瞧好吧，我这次肯定过8级。

一、用正确的语气语调朗读下列句子

1. 我们合计合计该买点儿什么菜，到时候一家人好好地聚一聚。

2. 妈，您就放心好了，到时候我在外面订一桌不就得了！

3. 你这孩子说得倒轻巧！你以为我不知道出去省事吗？可在外面吃饭多贵啊！

4. 我可没那个福分。不是我说你们，你们几个花钱那个劲儿真让我担心。

5. 妈，您这都是老皇历了，得给您换换脑子了。

6. 唉，儿大不由娘啊。

7. 有的菜才动了几筷子就扔了，看得我心都打哆嗦。哪有这么糟蹋东西的？

8. 我向您打包票，不信你就试试看嘛！

二、用课文中的词语或句型表达

1. 小张今天感冒发烧不能上课，她问我怎么办？我告诉她很简单，向老师请假。

   提示：……不就得了

2. 我想买车，我告诉妻子我明天出去借钱，妻子说这件事并不像说的那么简单。

   提示：说得倒轻巧

3. 大卫上课又迟到了，老师批评他以前，委婉地告诉他确实是他做得太不像话才批评他。

   提示：不是我说你

4. 妈妈对我说，花钱的时候，尽量节约点儿。

   提示：能……就……

5. 爸爸今年过年想买一套中山装，我笑他老脑筋，他该买一套西装。

   提示：换换脑子

6. 既然你觉得这部电视剧越看越没意思，你为什么还要看呢？

   提示：那还 V 个什么劲儿

7. 你说的有道理是有道理，但我不能按照你说的做。

   提示：……倒是……，可……

8. 妈妈平时不让爸爸喝酒，今天是爸爸生日，妈妈让他少喝一点儿，但爸爸越喝越多。

   提示：越 V 越来劲

9. 我吃那种药效果很好，你也买点儿吧，试试就知道了。

   提示：不信你就试试看

10. 他嘴很甜，很会说话，但不管什么事，他都只说不干。

    提示：光长一张好嘴

三、用"保证"的表达法说说下列情景

1. 篮球队员上场前让教练放心，保证会让比赛赢得精彩，赢得漂亮。

2. 同屋说我偷了他的银行卡，没办法，我只好通过发誓的方式告诉她我没偷。

3. 我告诉同桌他这次考试不及格，他不相信，我向他保证我说的是真的。

4. 当别人怀疑我做了坏事时，我保证自己绝对没做过，否则就不是人。

5. 如果你能证明我撒了谎的话，我就倒着写自己的姓。

6. 我喜欢帮助人，现在你有困难，这事就交给我去办，一定没问题，你就等着好消息吧。

中级汉语听说教程　下册

四、思考与表演

1. 请用你自己的话谈谈浪费的坏处。

2. 全班同学分成两组辩论。题目：节约是美德吗？

3. 假设今天约会你来晚了，女友很生气，她问你是不是有了别的女朋友，你反复向她保证，最终让她相信你。请你跟一位同学表演一下。

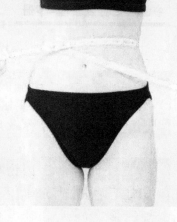

第十课

爱美之心，
人皆有之

听 力 课 文
◎ 一、选 美 风 波 ◎

词语例释

风　波	比喻纠纷或者乱子。如： 女儿减肥引起了一场家庭风波。
背 (bèi)	躲避，故意不告诉。如： 她背着妈妈跟一个男孩子谈起了恋爱。
蒙在鼓里	比喻受到蒙蔽，对情况一点儿都不知道。如： ① 这一切，父母都被蒙在鼓里。② 要是你不告诉我，我还真被蒙在鼓里。
转过弯来	比喻原来不正常的想法发生改变。如： ① 他明白以后，脑子会转过弯来的。② 他真是死脑筋，这么简单的事，为什么就转不过弯来？
伤风败俗	败坏传统的风尚习俗。如： 那个女人净干一些见不得人的伤风败俗的事儿。
不甘示弱	不愿意表示自己软弱。如： 面对对方的辱骂，小王不甘示弱，马上与对方对骂起来。

顶　嘴	争辩（多指对尊长）。如： ① 你怎么敢顶嘴？反了你了。② 父母批评你的时候，你最好不要顶嘴。
闹　翻	因为吵架而失去和气。如： ① 夫妻俩最近因为买车的事闹翻了。② 兄弟俩因为赡养老人的事闹翻了。
倒 苦 水	诉说心中的痛苦。如： 他逢人便大倒苦水，说自己出力不讨好，好心没好报。
对 着 干	采取相反的行为来反对对方。如： ① 你为什么总是跟我对着干？② 你跟领导对着干有什么好处？
疙瘩（gēda）	比喻麻烦，别扭，也指心中不容易解决的问题。如： 三年前，她俩因为一点儿小事闹翻了，到现在这疙瘩也没解开。

练习

一、听后判断

1. 王大妈最近正为女儿的学习成绩不好而上火。　　　　　（　　）
2. 广州"中国小姐"选美比赛是在秋天举行的。　　　　　（　　）
3. 文静是大学三年级的学生。　　　　　　　　　　　　　（　　）
4. 文静参加选美比赛以前培训了一个月。　　　　　　　　（　　）
5. 文静铁了心要参加比赛，最后王大妈只好同意。　　　　（　　）

二、听后选择

1. 关于文静，下列哪项是错误的？（　　　）

　　A. 知道妈妈不会答应自己参加比赛

　　B. 是正在上学的学生

C. 参加选美比赛的事曾经跟妈妈商量过
D. 年轻漂亮，身材苗条

2. 妈妈最后怎么知道女儿参加了选美比赛？（　　　）
 A. 看电视选美直播节目   B. 女儿告诉她的
 C. 邻居告诉她的   D. 丈夫打电话通知她的

3. 文静比赛结束以后的情况，下列哪项是正确的？（　　　）
 A. 妈妈的脑子已经转过弯来 B. 妈妈高兴地祝贺女儿
 C. 妈妈把女儿夸了一通 D. 妈妈臭骂了女儿一通

4. 回家以后，文静面对生气的妈妈，她的做法是：（　　　）
 A. 安慰妈妈   B. 劝说妈妈
 C. 顶撞妈妈   D. 不理妈妈

5. 文静跟妈妈吵架以后的情况，下列哪项是错误的？（　　　）
 A. 母女俩的矛盾没有解决 B. 王大妈逢人便批评女儿
 C. 女儿决心放弃比赛 D. 母女俩的关系变得很不好

三、听后回答

1. 王大妈上火是从什么时候开始的？
 提示：还得从……说起

2. 广州举办"中国小姐"选美比赛，文静知道以后是怎么做的？
 提示：自作主张 背着…… 瞒着……

3. 开始的时候，王大妈知道不知道女儿参加比赛的事情？
 提示：蒙在鼓里 直到……才…… 私自

4. 通过预选赛以后，文静觉得妈妈会改变原来的想法，实际的情况如何？
 提示：转过弯来 非但没有……反而……

5. 王大妈对女儿参加选美比赛的看法是什么？

   提示：说什么……就是……　　什么 Adj+V 什么

6. 面对妈妈的批评，文静是怎么做的？结果如何？

   提示：不甘示弱　顶起嘴来　闹翻

7. 吵架以后，两个人各有什么表现？

   提示：倒苦水　铁了心　疙瘩

四、听后思考

1. 请谈一谈你对文静和妈妈做法的评价。

2. 现在很多女孩喜欢整容，你的看法如何？

3. 假设文静继续参加比赛，她跟妈妈的矛盾最后会怎么解决？请编个故事并给大家讲一讲。

听 力 课 文

◎ **二、中国美女观的世纪变迁①** ◎

词语例释

清一色	比喻全部由一种成分构成或全部一个样子。如：我们公司的职员是清一色的女士。
匀称 (yúnchèn)	均匀；比例和谐 (xié)。如：那个女孩身材匀称苗条，很有气质。
纯情	感情或爱情纯洁真挚 (zhì)。如：我女朋友是一个温柔善良的纯情女孩。

---

① 古代四大美女：指中国古代四个最漂亮的美女，她们是西施、貂婵、王昭君和杨贵妃。

靓 (liàng)	漂亮，好看。如： ① 你今天打扮得好靓啊！② 那个歌舞团里俊男靓女很多。
酷	英语 cool 的汉语发音，形容人的神态打扮冷峻 (jùn) 前卫。如： 你一身牛仔装的样子太酷了！
唇　彩	即口红、唇膏，是用于女性嘴唇上的化妆品。如： 你今天的唇彩有点儿淡。
崇尚 (chóngshàng)	尊重、推崇。如： ① 我崇尚自然美。② 崇尚俭朴是一种美德。

练习

一、听后判断

1. 不同时代，美的标准不一定相同。　　　　　　　　　　　（　　）

2. 在中国唐代，长相比较好的瘦女人才是美女。　　　　　　（　　）

3. 二十世纪三四十年代，柳叶眉、杏仁眼、樱桃小嘴的姑娘广受欢迎。

（　　）

4. 50 年代到 70 年代中期，女人的穿戴基本上是清一色的蓝灰色服装，用现在的观点看都算不上美女。　　　　　　　　　　　　　　（　　）

5. 50 年代后期，美女的标准是身材苗条、匀称，脸蛋漂亮。　（　　）

6. 90 年代，"靓""酷"成为评判美女的新标准。"靓"主要是指神态和打扮，而"酷"主要是指长相。　　　　　　　　　　　　（　　）

二、听后选择

1. 不同时代，美的标准却未必相同，最典型的例子是（　　）

　　A. 汉代以靓为美　　　　　　　B. 唐代以瘦为美

　　C. 汉代以胖为美　　　　　　　D. 唐代以胖为美

中级汉语听说教程　下册

2. 根据录音内容，下列哪项是错误的？（　　　　）

　　A. 二十世纪三四十年代，柳叶眉、杏仁眼、樱桃小嘴的姑娘受欢迎

　　B. 50 年代到 70 年代中期根本就没有美女

　　C. 70 年代后期，美女的标准是身材苗条、匀称，脸蛋漂亮

　　D. 80 年代人们喜欢用纯情、白雪公主、梦中情人等词评价美女

3. 关于 90 年代美女的标准，下列哪项是错误的？（　　　　）

　　A. "靓""酷"成为评判美女的新标准

　　B. "靓"主要是指长相，而"酷"主要是指神态和打扮

　　C. 很多人喜欢又靓又酷的美女

　　D. "靓""酷"美女最典型的是"邻家小妹"型的女孩

4. 录音最后一句话暗示的内容是（　　　　）

　　A. 人们喜欢讲究化妆的美女

　　B. 人们喜欢涂唇膏的美女

　　C. 人们喜欢朴素自然的美女

　　D. 人们已经看够了不化妆的美女

三、听后回答

1. 二十世纪三四十年代，大家喜欢什么样的姑娘？

　　提示：广受欢迎

2. 50 年代到 70 年代中期，女人的穿戴有什么特点？

　　提示：清一色　　用现在的观点看

3. 70 年代后期美女的标准是什么？

　　提示：匀称　　脸蛋

4. 现在人们对美女标准的看法发生了什么变化？

　　提示：现如今　　也不知怎么地　　崇尚

四、听后思考

1. 你眼中的美女标准是什么？请简单谈谈。

2. 请谈谈你们国家美女的标准。

3. 你认为什么样的人算得上美女？请谈一下你的观点。

4. 你认为人的美主要表现在哪些方面？

叙述性口语课文
◎ 众人心中的美 ◎

杨潇，女，35 岁，编辑

人的美其实有很多种，如果长得又好，心灵也美，那当然是求之不得的事情。可是，人有几个能十全十美呢？如果让我在心灵美和外表美中选择一个的话，我宁愿选择心灵美。因为容貌是最经不起时间的东西，再美的人过了四十几岁也会变成半老徐娘。只有心灵不会随时间老去，相反，时间越长，越让人觉得可贵。有些原来相貌平平的人，到了中年因为心灵充实、善良，反而焕发出一种真正的光彩。这种光彩是包装不出来的，因此我觉得是最动人的一种美。

王一飞，男，23 岁，大学生

我觉得对人来说外表美还是最重要的。有人非得说心灵美才是真的美，我觉得有点儿虚伪。举个例子来说，在一个丑女和一个靓女面前，你敢说你会因为丑女心地善良而多看她几眼吗？美是什么？就是真正让你心动的东西。有几个男人看到梦露清纯的大眼睛不怦然心动呢？所以，姑娘看见帅哥就叽叽喳喳很兴奋，小伙子看见美女也会偷偷咽口水，这都是再自然不过的现象了。我反正是实话实说，我将来一定要找个对得起自己眼睛的人，否则不就白过一生了吗？

田依依，女，26 岁，研究生

我们这个社会早就说是男女平等了，我也深信一个女人只要有能力、勇敢自信就是美的。可是通过我们同学找工作的经历我才明白我太幼稚了。很多用人单位，即使是需要高学历的单位，表面上好像很重视你的知识，其实还是以貌取人。应聘时只要长得稍微有点儿对不起观众的女生就屡屡碰壁，而有点儿姿色的大多不会空手而归。你说这叫什么事儿？我现在才真正理解了为什么有些女孩儿会去整容，因为即使是"人造美女"也胜过丑女啊！真是让人悲哀啊！

李宁辛，男，40岁，公司职员

什么是美？大自然就是美。你说，整天争来吵去的什么外表和心灵哪个才是真正的美有什么必要？放开眼光，走出屋子，看看山，看看水，看看红叶，看看白雪，你会发现大自然变化万千，多美的女人也无法和它相比。还有，大自然是最真实的，不管是春光明媚还是秋色灿烂都没有经过雕饰，总是那么自然地展现在你的眼前。不像人的美或是浓妆艳抹，或是美容院整出来的，多没劲！所以啊，自然美才是人最终追求的东西，要不人们怎么会说"清水出芙蓉，天然去雕饰"呢？

万宁，女，45岁，美容师

干我们这行的，以前挺被人瞧不起的，可现在随着人们审美观念的改变，进美容院的人多了起来。可能你觉得来我们这儿的都是年轻漂亮的姑娘或是吃饱了撑的没事干的闲太太，其实不是。我们这儿现在哪个年龄段、哪种身份的人都有。为什么？就是为了自己爱惜自己，让自己有个好心情嘛。有个七十几岁的阿姨说："我知道我脸上的褶子怎么也抹不平了，可是这样好好保养自己让自己觉得还是个女人，生活还有奔头儿。"所以，在我眼里，年龄不是问题，只要有爱美的心，这个人就是美的。

孙阳，男，65岁，退休教授

我们从小接受的教育就是艰苦朴素，所以我们这代人在很长一段时间里接受不了打扮、化妆这类东西，看见周围有些人穿得新颖点儿，别致点儿，我们总是看不惯。可现在想开了，人嘛，活着应该有点儿个性、有点儿自己的精气神儿。老头儿穿一身笔挺的西服，一身火红的休闲服就是比窝窝囊囊的一件棉袄潇洒；老太太描描眉，画画嘴唇，也显得年轻了许多。我呢，早在老伴儿的指导下个性了一把，常穿唐装。很多人说我很有传统知识分子的美呢。嘿嘿！想想我就偷着乐！

词语例释

求之不得	想找都找不到。如： 这真是求之不得的好事啊！
半老徐娘	指因年老而失去美貌的中年妇女。如： 那个歌星现在已经是半老徐娘，不再像几年前那么受欢迎了。
焕 (huàn) 发	振作，有光彩。如： 春天来了，花草树木焕发出无限生机。
怦 (pēng) 然心动	心突然动了一下，一般指被吸引、被打动。如： 姑娘的那双水灵灵的大眼睛令我怦然心动。
以貌取人	以外貌作为选择人的标准。如： 你不要以貌取人，她是不漂亮，但她有能力。
姿　色	一般指（女子）美好的容貌。如： 虽然她今年40岁了，但颇有姿色。
空手而归	空着手回来，表示没有收获。如： 让他去邻居家借钱，但他却空手而归。
雕 (diāo) 饰	过分的修饰打扮。如： 他表演适度，不加雕饰，显得很自然。
浓妆艳抹	表示化妆化得太浓，太艳丽。如： 我不喜欢浓妆艳抹的女子。
褶 (zhě) 子	这里指皱纹。如： 那个女人，满脸是褶子，可自己觉得好像18岁一样。
保　养	保护，养护。如： 她虽然四十岁了，但皮肤保养得非常好。

奔 (bèn) 头	指经过努力可以看到的前途。如： 新的政策让农民觉得生活有了奔头，生产干劲儿更高了。
笔 挺	（衣服）烫得很平而折叠的痕迹又很直。如： 他穿着一身笔挺的西装。
窝囊 (wōnang)	这里指不整洁，不精神。如： 你一个小伙子，怎么总是穿得窝窝囊囊的呢？

练习

一、课文中的词语表达

1. 如果妈妈对我说："你再不好好学习，我就让你退学。"我听了以后会很高兴。

   提示：求之不得

2. 她是 80 年代的歌星，现在的年轻人对她不太感兴趣。

   提示：半老徐娘

3. 他年纪轻轻，长相一般，但却是一位事业有成的企业家。

   提示：相貌平平

4. 说老实话，我不喜欢打扮得太艳丽的女孩儿。

   提示：实话实说

5. 现在很多人找对象都觉得外在形象很重要，人品好坏反而不重要，这种现象值得关注。

   提示：以貌取人

6. 他家里很富裕，但他却上街做乞丐，你觉得别人会怎么评价他？

提示：吃饱了撑的没事干

7. 跟妻子离婚以后，他觉得生活没了意义。

提示：奔头儿

8. 你别老是穿那件破棉袄，太难看了，如果你换上西装会是什么样儿呢？

提示：精气神儿　笔挺

9. 都说自驾旅游很潇洒，上个星期我跟老伴也出去旅游了一次，确实很开心。

提示：潇洒了一把

二、用课文中的句型表达

1. 如果让我……的话，我宁愿……

例句：如果让我在心灵美和外表美中选择一个的话，我宁愿选择心灵美。

(1) 一个心眼儿很坏的美女和一个心地善良的丑女之间我选择美女。

(2) 如果要我重新生活一次的话，我下辈子不想再做男人了。

2. ……这是再 Adj 不过的 N 了

例句：姑娘看见帅哥就叽叽喳喳很兴奋，小伙子看见美女也会偷偷咽口水，这都是再自然不过的现象了。

(1) 男大当婚，女大当嫁，这都是很正常的事情，不值得大惊小怪。

(2) 他一贯助人为乐，帮那个老大娘，对于他来说，很平常。

3. （只要）……不就……了吗

例句：我将来一定要找个对得起自己眼睛的人，否则不就白过一生了吗？

(1) 你只要向老师道个歉，就没事儿。

(2) 如果我们不提前打电话问一下，一旦我们去了以后银行关门，那就白去了。

4. 要不人们怎么会说……呢

例句：自然美才是人最终追求的东西，要不人们怎么会说"清水出芙蓉，天然去雕饰"呢？

(1) 人只有经历过失败，才有可能成功。所以，人们常说："失败是成功之母"。

(2) 他跟太太一个月不见，现在一见面两个人好得跟什么似的，我现在终于理解了那句话"小别胜新婚"。

5. ……不是问题，只要……就……

例句：在我眼里，年龄不是问题，只要有爱美的心，这个人就是美的。

(1) 我交朋友，年龄、性别都不重要，关键是对方要有一颗善良的心。

(2) 我学习汉语，我在乎的不是 HSK 成绩好坏，而是能否真正提高汉语表达能力。

三、思考与调查

1. 请你分别调查一下东方人和西方人，了解一下东方人跟西方人对美的看法有什么不同。

2. 你赞成古典美、自然美还是现代的修饰美？理由是什么？

3. 你对丑女整容和美女整容有什么看法？请简单谈谈。

4. 中国有句话叫做"女人不是因为漂亮而可爱，而是因为可爱而漂亮"，请谈谈你对这句话的理解。

对话性口语课文

◎ 整容，难道是我的错吗？ ◎

爸爸：小阳，我听你妈妈说你想去整容？

小阳：对呀。前几天我们同学有的去割了双眼皮，有的去垫了鼻子，效果还真不错，我也想试试。

爸爸：你就不怕整容整出个后遗症什么的？你没听说有的人整容后脸都变形了？我可是提醒你了啊，将来出了问题你可别埋怨我们。

小阳：爸，您别吓唬我了，这次我是铁了心要去做手术的。只要有百分之一的希望我就要做百分之百的努力。

爸爸：唉，原以为我的女儿与众不同，现在才知道也是挺虚荣的女孩子啊！

小阳：爸爸，您这么说对我不公平！我原来也觉得本色就是美，可现实呢？我们班好多漂亮姑娘天天有男生围着，个个骄傲得像公主似的。那些臭男生恨不得把天上的星星都摘下来给她们。可对我们连正眼都不看一下。你说我心里能好受吗？我也想体会一下走在路上回头率很高是个什么滋味，哪怕只有一次！

爸爸：唉，丫头，这都怪你爸妈，没给你一副好模样。原来我们想，"腹有诗书气自华"，所以我们就从小培养你，琴棋书画样样拿得起放得下。你考上名牌大学以后我和你妈做梦都能笑出声来，可没想到我的女儿还是这么没有自信。

小阳：老爸，您也别埋怨自己，谁让现在的社会这么势利眼呢？

爸爸：小阳，我还是觉得容貌是天生的，可气质是后天养成的。真正有品位的小伙子不会那么肤浅，只注意表面的东西。

小阳：可是爸，为什么这么多年就从来没有一个男生欣赏我呢？

爸爸：可能你的缘分还不到。你看，我和你妈不是将近30了才认识，才一见钟情的吗？要按你的标准看，我不潇洒，你妈也不漂亮，那还不是都应该剩在家里？可我们不是照样幸福地生活着？

小阳：那我一辈子当不了美女多遗憾啊！

爸爸：在爸爸眼里，你就是世界上最美的公主。都是那些男生有眼无珠！哼！正好，留在家里陪老爸！

小阳：（撒娇地）爸——，看您说的！

词语例释

垫 (diàn)	用东西支撑，使加高、加厚或平正。如： 你把桌子垫高点儿。
后遗症	某种病好了以后留下的不良症状。如： 手术后，他落下了耳背的后遗症。
虚荣	指表面上的光彩。如： ① 那个女孩子的虚荣心很强。② 女人都有点儿虚荣， 这很正常。
本色	本来的面貌或样子。如： 他的表演质朴、本色，很能打动人。
回头率	一般指女人因为漂亮而吸引男人回头看的比例。如： 女人漂亮，回头率高是很自然的事情。
势利眼	以财产、地位、容貌等区别对待别人的人。也可作形容 词。如： 那个人很势利眼。
后天	跟先天相对。一般指人或动物离开母体后单独生活或成 长的时期。如： ① 妈妈说，先天不足后天补，我个子矮，她就让我每天 吃钙片儿。② 好的学习习惯不是先天形成的，而是靠 后天养成的。
肤浅	(学识、看法) 浅；(理解) 不深。如： 我对中国文化的了解很肤浅。
有眼无珠	比喻没有识别人或事物的能力。如： 我恨自己有眼无珠，看错了人。

表达拓展 "抱怨、埋怨"的表达法

课文中出现了一些"抱怨、埋怨"的表达法。如：

1. 谁让现在的社会这么势利眼呢？

"谁让……呢"表示对现实不满的一种无奈的抱怨。如课文中的句子：老爸，您也别埋怨自己，谁让现在的社会这么势利眼呢？再如：人家买房买车说明人家有钱，谁让我们没有钱呢！

2. 看你说的

表示对对方说的话不恰当的埋怨。程度较轻。如课文中的句子：爸——，看您说的！再如：A：我得好好谢谢你。B：看你说的，我们不是好朋友吗？谢什么！

除此之外，汉语中还有很多"抱怨、埋怨"的表达法。如：

1. 怎么又……了

表示不好或者不希望的事情再次发生，从而引起说话人不满。如：① 怎么又停电了？② 怎么又下雨了？

2. 真倒霉/糟透了

表示极度抱怨或不满。如：① 今天真倒霉，逛街的时候钱包丢了。② 这交通简直糟透了，我们什么时候才能到？

3. 这鬼（/破）+N

表示对现象或事物的不满。如：① 这鬼天气，又下雨了。② 这破电脑，又死机了。

4. 这是什么破+N

抱怨事物或现象不如意。如：① 这是什么破老师，根本就不会讲课。② 这是什么破车，开了一会儿就坏了。

5. 都是（/怪/怨）+N

引出抱怨、埋怨的对象或原因。如：① 都是你（不好），让我等了那么长时间。② 这次没考好，都怪你不努力。③ 都怨你来得太晚，公园都关门了。

6. 要不是 N_1，N_2 怎么会……（呢）

抱怨要没有前因就没有后果。如：要不是你的破自行车，我的腿怎么会受伤呢？

7. 真是的

表示一种轻微的抱怨。如：你怎么又来晚了？真是的！

8. 你说这（都）叫什么事儿？

　　表示对不正常的社会现象或事情的不满、抱怨和不理解。如：① 每天上课的学生考试不及格，经常旷课的学生通过走后门却能及格，你说这都叫什么事儿？② 好好的帅哥你看不上，却偏偏要嫁给一个老头子，你说这叫什么事儿？

一、正确的语气语调朗读下列句子

　　1. 你就不怕整容整出个后遗症什么的？

　　2. 唉，原以为我的女儿与众不同，现在才知道也是挺虚荣的女孩子啊！

　　3. 我原来也觉得本色就是美，可现实呢？

　　4. 我也想体会一下走在路上回头率很高是个什么滋味，哪怕只有一次！

　　5. 唉，丫头，这都怪你爸妈，没给你一副好模样。

　　6. 老爸，您也别埋怨自己，谁让现在的社会这么势利眼呢？

　　7. 可是爸，为什么这么多年就从来没有一个男生欣赏我呢？

　　8. 要按你的标准看，我不潇洒，你妈也不漂亮，那还不是都应该剩在家里？

　　9. 哼！正好，留在家里陪老爸！

　　10. 爸——，看你说的！

二、用课文中的词语或句型表达

　　1. 我想整容，爸爸劝我不要去，因为整容有风险。
　　　　提示：你就不怕 V 出个 N 来？ 你没听说……

　　2. 你的同学学习不努力，你提醒他，免得以后后悔。
　　　　提示：我可提醒你啊

　　3. 患了绝症的病人即使做手术也可能死亡，你作为家属主张哪怕有一丝机会也不放弃。
　　　　提示：只要有百分之一的希望就要做百分之百的努力

4. 原来我觉得 HSK 考试很容易，现在看来，完全不是那么回事。

　　提示：原以为……，现在才知道……

5. 父母告诉我丑女将来也能找到理想的工作，可我不这么看。

　　提示：可现实呢

6. 那个姑娘因为长得漂亮，追求的人多，所以非常骄傲。

　　提示：骄傲得……

7. 现在的家长都很娇惯孩子，尽一切办法满足孩子的要求。

　　提示：恨不得把天上的星星摘下来

8. 我追求那个姑娘，可她连看都不看我一眼。

　　提示：对……连正眼都不看一下

9. 那个姑娘很漂亮，从她身边经过的小伙子大多数会回过头来看她。

　　提示：回头率

10. 我们单位老张，单位的事和家务事都做得非常好，里里外外一把手。

　　提示：拿得起放得下

11. 儿子考上北京大学以后，父母高兴得不得了。

　　提示：做梦都能笑出声来

12. 丈夫抱怨当老师太忙太累，妻子觉得既然当了老师就应该接受现实。

　　提示：谁让……呢

三、用"抱怨、埋怨"的表达法说说下列情景

1. 你今天洗衣服了，可天却偏偏下起雨来。你会怎么表达抱怨的情绪？

2. 你曾经考了三次 HSK，都没通过 8 级，今年第四次考试你又失败了，你怎么表达自己的抱怨？

3. 昨天你买了一块手表，但是今天就坏了，你很不满，怎么表达？

4. 因为男朋友起晚了，所以你们错过了火车，你怎么表达埋怨的情绪？

5. 我的打印机前天坏了，昨天修好了，可是今天又坏了，你说烦不烦人？

6. 今天约会，你男朋友来晚了，你很不高兴，你会怎么表达抱怨的情绪？

7. 你的小狗病了，但是你爱人耽误了治疗的时间，最后小狗死了，你怎么埋怨你爱人？

四、表演与表达

1. 表演一个想整容的姑娘在医院跟医生的对话。
   （提示：姑娘很坚决，医生提醒她可能的后果并让她再考虑考虑）

2. 表演一下一个小伙子约会迟到以后跟女朋友从赔不是、吵架到和好的过程。

3. 假设你不太漂亮，请用你自己的话谈谈你决心整容的心理感受。

回顾与复习三

一、听一听

第 一 部 分

> 说明： 1—15 题，这部分题目，都是一个人说一句话，第二个人根据这句话提一个问题，请你在四个书面答案中选择唯一恰当的答案。

1. A. 明天她会陪我去看电影　　　B. 明天我会陪她去看电影
   C. 她没有理睬我的话　　　　　D. 她生气不理我了

2. A. 他花钱很节省　　　　　　　B. 他的钱比较多
   C. 他想帮助对方　　　　　　　D. 他想向对方借钱

3. A. 医院　　　　B. 饭店　　　　C. 办公室　　　　D. 家里

4. A. 你为什么不喜欢当兵　　　　B. 你为什么不喜欢现在的工作
   C. 你为什么不干现在的工作　　D. 工作没意思你为什么还要干

5. A. 电影学院很吃香很火暴
   B. 戏剧学院的报考情况很冷清
   C. 报考这样的学校将来找工作很难
   D. 建议对方也去报考这两个学校

6. A. 说话人有钱，所以很气派　　　B. 说话人的钱都在银行里

　　C. 对方将来肯定很有钱　　　　　D. 对方将来肯定存不下钱

7. A. 又跟丈夫吵架了　　　　　　　B. 跑回自己的婆婆家了

　　C. 和丈夫一块儿回了娘家　　　　D. 她从不跟丈夫怄气

8. A. 跟妻子聊聊家常　　　　　　　B. 跟同事谈谈买车的事

　　C. 劝太太答应买车　　　　　　　D. 不管后果跟太太吵架

9. A. 说话人的爸爸还没有退休，所以还要工作

　　B. 说话人的爸爸已经退休了，打算在家享清福

　　C. 说话人的爸爸打算在外面找个临时工作干

　　D. 爸爸在家很寂寞，说话人希望爸爸出去找活儿干

10. A. 说话人和丈夫　　　　　　　　B. 说话人的哥哥

　　C. 说话人的姐姐　　　　　　　　D. 说话人的妈妈

11. A. 说话人的丈夫是男子汉大丈夫

　　B. 说话人的丈夫很能干

　　C. 说话人的丈夫没有工作

　　D. 说话人靠丈夫养活

12. A. 都不想回家过年

　　B. 常为回谁的父母家过年而闹别扭

　　C. 都想回自己的亲生父母家过年

　　D. 每年过年都很头疼

13. A. 因为家务活他不熟练　　　　　B. 因为现在是黄金周

　　C. 因为他要弥补一下妻子　　　　D. 因为他做家务很拿手

14. A. 说话人已经结婚了

　　B. 说话人白天睡晚上玩儿

　　C. 说话人理解了父母养育子女的辛苦

　　D. 说话人已经有孩子了

三 回顾与复习

15. A. 孩子什么事都和说话人一块干

　　B. 说话人要求孩子修理自行车

　　C. 孩子什么事都故意不听说话人的

　　D. 孩子不让说话人修理自行车

第 二 部 分

说明：16—35 题，这部分题目，都是两个人的简短对话，第三个人根据对话提出一个问题，请你在四个书面答案中选择唯一恰当的答案。

16. A. 孩子花钱太冲　　　　　　B. 孩子不喜欢穿运动鞋

　　C. 孩子买了很多鞋　　　　　D. 孩子吃饭太浪费

17. A. 自己的爸爸妈妈已经去世

　　B. 自己父母每年跟自己过年

　　C. 自己也发愁回家过年

　　D. 自己很知足

18. A. 今天的工作今天必须完成　B. 作业完不成，考试通不过

　　C. 明天他不想参加足球比赛　D. 明天做也完全来得及

19. A. 以前不相信自己的同学

　　B. 打算今天出国

　　C. 白白损失了五万块钱

　　D. 骗了自己的同学

20. A. 妈妈给孩子介绍了一个好姑娘

　　B. 妈妈的想法已经过时了

　　C. 孩子同意妈妈的看法

　　D. 妈妈明天要抱孙子出去玩儿

21. A. 自己和妻子也喜欢车　　　B. 自己和妻子也喜欢电脑

　　C. 孩子这样花钱不像话　　　D. 希望女儿给自己买车

22. A. 非常穷所以很节省　　　　B. 富裕得让人害怕

　　C. 还说得过去　　　　　　　D. 不好也不坏

23. A. 那个老板对自己的父母一点不吝啬
    B. 那个老板花钱很大方，很牛气
    C. 那个老板其实是个很小气的人
    D. 那个老板有不少有钱的朋友

24. A. 这个姑娘跟丈夫离婚了
    B. 这个姑娘想上吊自杀
    C. 这个姑娘是用刀片割破自己的手腕的
    D. 这个姑娘因为钱和家里闹矛盾

25. A. 因为孩子不懂事　　　　　　B. 因为孩子考试成绩很好
    C. 因为她很娇惯孩子　　　　　D. 因为孩子生病了

26. A. 因为她对自己的相貌缺乏信心
    B. 因为她要参加选美比赛
    C. 因为她没有自己的同学漂亮
    D. 因为没有小伙子喜欢他

27. A. 他早不想干了　　　　　　　B. 他想找领导求情
    C. 不得已的情况下他才会走　　D. 他根本不相信这是事实

28. A. 像自己一样去整容　　　　　B. 跟自己一块儿去整容
    C. 跟自己一块去参加招聘会　　D. 跟自己一起去碰碰运气

29. A. 母子俩　　　　　　　　　　B. 小两口
    C. 父女俩　　　　　　　　　　D. 老两口

30. A. 孩子喜欢学习钢琴　　　　　B. 孩子的行为妈妈觉得很奇怪
    C. 孩子的妈妈正在吃饭　　　　D. 孩子的妈妈不会同意孩子的要求

31. A. 女的身材苗条，脸蛋漂亮
    B. 女的对什么都不在乎
    C. 小伙子能看上这女的才怪
    D. 男的眼睛瞎了

32. A. 张晓燕的追求者很多是因为她漂亮
    B. 张晓燕很可爱
    C. 张晓燕看不上那些追求者
    D. 张晓燕长得很难看

33. A. 同意丈夫给自己买黄金戒指
    B. 同意跟丈夫一块儿去国外旅行
    C. 不同意丈夫的建议
    D. 把孩子的学费交了以后就同意

34. A. 建议对方不答应男朋友的要求
    B. 建议对方跟男朋友回家
    C. 不要怕将来的婆婆
    D. 建议对方跟男朋友分手

35. A. 赞成　　　B. 反对　　　C. 不以为然　　D. 不同意

第 三 部 分

说明：36—50题，这部分题目，你将听到几段简要的对话或讲话。每段话之后，你将听到若干个问题，请你在四个书面答案中选择唯一恰当的答案。

36. A. 财富　　　B. 健康　　　C. 爱心　　　D. 财富和健康

37. A. 男的拥有了健康和财富
    B. 男的回答最终被证明是完全错误的
    C. 男的拥有了爱心，自然就拥有了财富和健康
    D. 男的拥有了亲情、爱情和友情

38. A. 服装店老板　　　　　　B. 上海市市长
    C. 市长热线记录员　　　　D. 农村老大娘

39. A. 春节期间　　B. 春节以后　　C. 腊月底　　D. 除夕夜

40. A. 她生活不太富裕，但为了儿媳她舍得花钱
    B. 她的儿媳妇人品长相都没的挑，也非常孝顺她
    C. 她买衣服是为了感谢儿子和儿媳的长年照顾
    D. 她觉得花钱太少不足以表达对儿媳的谢意

41. A. 他看到老太太买衣服的钱以后感动得哭了
    B. 他欺骗了这个老太太因为对面那家店也是他开的
    C. 他觉得他伤害了老人的婆媳亲情，所以良心不安
    D. 他想通过市长热线把钱还给老人并向她赔礼道歉

42. A. 德国和意大利男人喜欢夸大自己的财产
    B. 很多德国女性在结交异性时不说出自己的年龄
    C. 很多葡萄牙人选择通过互联网结识异性
    D. 英国和澳大利亚的男士认为狂饮可以吸引异性

43. A. 光顾酒吧   B. 参加聚会   C. 报纸征婚   D. 光顾俱乐部

44. A. 美国人初次约会的首选因素是诚实
    B. 葡萄牙人初次约会的首选因素是智慧
    C. 加拿大人初次约会的首选因素是幽默感
    D. 大部分国家的人初次约会的首选因素是相貌

45. A. 理发馆   B. 美容院   C. 教室里   D. 模特培训班

46. A. 35 岁   B. 32 岁   C. 18 岁   D. 文中未说明

47. A. 这个老师肯定很年轻
    B. 老师的年龄比学生的年龄小
    C. 老师的年龄是十八岁零几个月
    D. 这个老师很受学生欢迎

48. A. 美容让我如此年轻
    B. 美丽的女人忌讳年龄
    C. 我年轻所以我漂亮
    D. 美丽源于好心情

49. A. 28%　　　　　B. 35%　　　　　C. 52%　　　　　D. 15%

50. A. 因为食品过了"保质期"而尚未开封

　　B. 在大超市的供货环节上，食品浪费是最主要的原因

　　C. 是由一群被叫做"白吃汉"的无业者造成的

　　D. 主要和人们定期到超市大量购买食物的习惯有关

二、想一想

1. 第八课到第十课中有一些反映某些社会现象的词语，请同学们先记住这些词语，然后分成两组，一组说一个，比比哪组说得多。

第一组　　　　　　　　　　　第二组

小康　　　　　　　　　　　希望工程

聚餐　　　　　　　　　　　以貌取人

……　　　　　　　　　　　……

2. 第八课到第十课中还有不少人们口头上常用的俗语或固定说法，请两组同学先记忆，再说一下，比比哪组说得多。

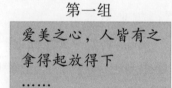

第一组　　　　　　　　　　　第二组

爱美之心，人皆有之　　　　吃不了兜着走

拿得起放得下　　　　　　　一分钱掰两半花

……　　　　　　　　　　　……

三、填一填

1. 选用下列词语填空：

> 温馨　沉浸　弥补　知足　特意　健在　包揽　向往　生怕　留恋

我在铁路建设工程队工作。我平时都是一年到头地忙，天南海北地搞工程，根本顾不上家里。其实，在我心里，是多么＿＿＿＿＿＿有一天能跟家里人过一个＿＿＿＿＿＿浪漫的春节啊。那样我就可以＿＿＿＿＿＿一下对家里人的歉疚。去年，我们的工程队圆满地完成了工作任务，终于回家过了一个团圆年。到现在我还记得回家的前一天，我＿＿＿＿＿＿理了发，把自己好好打扮了一番。到了晚上我翻来覆去怎么也睡不着，＿＿＿＿＿＿起晚了误了飞机，而且我很兴奋，因为我终于可以回到那个生我养我，让我朝思暮想，无比＿＿＿＿＿＿的

中级汉语听说教程　下册

故乡了。经过一天一夜的长途旅行，我终于回家了。当我踏进家门的一刹那，家里顿时沸腾了，父母、妻子、孩子和弟兄姐妹都跑过来拥抱我。大家贴春联，放鞭炮、包饺子、看春节联欢晚会、给父母拜年、走亲戚，整个假期，我的心每天都_____在快乐之中。有一天，父母告诉我，大儿媳非常孝顺，家里什么事都是她一手_____下来的，对上对下都没的挑，二老很满意。孩子们聪明可爱，都很懂事。听到这里，我心想，只要能看到家人快快乐乐、和和美美地团聚在一起，我工作就是再苦再累也_____了。

| 背着　蒙在鼓里　虚荣　顶嘴　闹翻　对着干　风波　姿色　势利眼 |
| 以貌取人　屡屡碰壁　怄气 |

我是一名大学毕业生，因为天生长得不漂亮，我一直很自卑，特别是毕业找工作那会儿，因为长得不好看，找工作我_____，而我的那些稍微有点儿_____的同学却很容易地找到比较理想的工作，所以我对招聘人员很有意见，因为他们总是_____，根本不看你是否有能力。多次求职失败以后，我下定决心：整容。于是，我_____父母去医院整了容，而我那位一直被_____的妈妈知道这件事以后火冒三丈。她指着我的鼻子责骂我做人太_____。开始的时候，我一言不发，因为我不想跟妈妈_____，也不想跟妈妈_____。可是后来，妈妈骂得越来越难听，我一气之下，就跟她大吵起来。就这样，我们母女俩_____了。妈妈从此以后逢人便说我的不是，说什么"女大不由娘"，亲生女儿处处跟自己_____。我呢，自从整容以后，自信心大增，打算身体恢复以后就去找工作。对于人们的批评，我不以为然。谁让这个社会太_____呢？

2. 选用下列句型填空：

(1) 说得倒轻巧	(2) ……不就得了
(3) 那你还……个什么劲儿	(4) 才……你就……
(5) 谁让……呢	(6) V 得无影无踪
(7) 要不人们怎么会说……	(8) 非但没有……，反而……
(9) ……都……，……就更别提了	(10) 别说……，就连……也……

我在一家外企工作，但是因为我刚进这个公司，比较年轻，月工资才1000多块，更让人不解的是，我们公司规定，所有员工必须注意形象，否则会被炒掉。无奈之下，我只好照办，_____我是刚毕业的大学生_____！后来我

依靠自己的能力和才华终于在公司站稳了脚跟，但我对公司的待遇更加不满起来。于是我就找经理问为什么我的待遇这么低。经理说："好家伙！来公司_____，_____敢跟公司讨价还价？我们公司现在正处于初创时期，财力有限，将来你们的待遇肯定会上去的。"他的话无法让我满意，我也懒得跟他磨嘴皮子。于是我就给我大学同学打了一个电话，在电话里我大发牢骚。同学听完以后，说："既然你们公司待遇不好，那你还_____个_____啊？干脆跳槽_____？"后来我回家把跳槽的想法告诉了爸爸，爸爸说："_____，世界上哪有那么简单的事情？你不能便宜了公司。你没听人说，跳槽要选择好时机，你现在跳，公司的损失并不大，你应该趁着在公司的机会，拚命为自己拉一些客户，成为公司不可缺少的人物，只有在这个时候你才可以跳槽，公司才会受到很大的损失。"我听了以后连连点头。于是我努力工作，半年后我有了很多忠实的客户，但跳槽的想法也_____。这时候的我，_____再提跳槽的事儿，_____安心地工作起来。有一天，爸爸对我说，是时机了，快跳槽吧。我却微微一笑，对爸爸说："公司总经理已经跟我谈过，准备提拔我做公司的副总经理，我现在不想跳槽了。"爸爸笑了，他说这也是他的想法。这件事让我很受教育。我把事情的经过告诉我那位大学同学，他笑完以后只说了一句话："_____'天助自助者'呢。"

四、练一练

请用"同意""保证""埋怨、抱怨"的表达法填空：

情景提示：周末小刚打算坐车去跟女友约会，在车站遇到了同事杨姐，聊天耽误了时间，女友很不高兴，埋怨并怀疑他，他解释并保证了半天，女友才相信他。

（在公共汽车站）

杨姐：小刚，你这是去哪儿啊？

小刚：是杨姐啊，我去市里办点儿事，您去哪儿啊？

杨姐：这不周末了吗，老人想孩子，让我们回去聚一聚。

小刚：怪不得人们都说"隔辈儿亲"，这话说得一点儿没错。不过，我真羡慕你们和父母住在一个城市，可以常聚。

杨姐：_____，不过离家近，牵挂也多，有时候，心也挺累的。

小刚：_____，看来，想做个孝顺的孩子也不是很容易的。

杨姐：哎，小刚，你的车来了，快走吧。

小刚：那我先走了，杨姐，再见。

（公园门口）

小刚：对不起，小娜，我来晚了。

小娜：你还能来呀，我以为你不来了呢！＿＿＿＿＿＿！上次约会你就
　　　迟到，今天你＿＿＿＿＿＿？

小刚：刚才在路上遇到一位同事，聊了一会儿天，耽误了点儿时间。

小娜：谁信哪？以后我再也不会相信你的话了。

小刚：我敢＿＿＿＿＿＿，绝对没说假话。

小娜：真的？

小刚：我骗你＿＿＿＿＿＿，我刚才真的跟同事聊了一会儿天。

小娜：你敢发誓吗？

小刚：当然敢，你看着，我对天发誓：如果我撒谎，＿＿＿＿＿＿。

小娜：今天是晴天，不会打雷。

小刚：那我向你保证，如果我说的话是假的，我＿＿＿＿＿＿。

小娜：（笑）乌鸦嘴。谁叫你发这样的誓了，你真讨厌。

小刚：哎呀，天终于阴转晴了。

小娜：本来就是晴天嘛！来，给我捶捶背。

小刚：捶背我最拿手。＿＿＿＿＿＿。

五、编一编

用下列词语中的几个编一段叙述性短文：

> 数落　忘本　打水漂　有钱烧的　糟蹋　比阔　平衡　牛气　老皇历
> 精打细算　省吃俭用　换换脑子　随处可见

情景提示：孩子乱花钱，妈妈批评他，孩子反驳。请用孩子的语言叙述。

六、说一说

1. 请思考并谈一下美丽、财富、亲情和健康各自的重要性。

2. 请谈一下在你们国家，人们的亲情观主要表现在哪些方面。

3. 有一些富翁，生活上很节约，甚至有点儿小气，但拿出大笔的钱捐助慈善事业，请你以这样的行为为话题谈一下"如何看待小气富翁的慈善行为"。

听力录音文本

第一课 天有不测风云

听力课文

◎ 一、2001 年北京的那场大雪 ◎

昨天早上，寒冷的北风呼呼地刮了起来，中午大片大片的雪花从空中洒落下来，一会儿，周围的一切都变成了白色。

下午 6 点 30，我离开了办公室，路上的车密密地排在一起，极缓慢地移动着，我还幸灾乐祸地想，幸好我坐地铁。

7点钟从地铁站出来的时候，天全黑了，我惊恐地发现车站上黑压压地拥挤着大约几百个等车的人，来了一辆车后，所有的人都像疯了一样拼命往上挤，车门用了 5 分钟才关上。这辆车走了以后，我身后又不知从哪儿涌出来几百个人，重新堵在了站牌下面。

后来我决定先填饱肚子，黑暗中我挤进一家饭馆，店内平时冷冷清清的，这时看去竟都是人。8 点我吃完了晚饭，又重新在人流中挤回了车站，发现那里的人不但没有减少，反而更多了，主路上的车流仍然缓慢，到处都是拿着手机大喊大叫的人，我旁边的一个男的对着手机大喊道："我在西直门打了一个小时车了，没有！"

我决定不继续在寒风里傻站着了，我再一次挤回地铁站，地铁里很暖和，比我出来之前人多了两三倍，8点50，我又一次顺着人流涌出了地铁，9点整，我神奇地回到了办公室。接着我给家里打了个电话，告诉家里交通似乎是全面瘫痪了，今天我无论如何也回不了家了。然后我开了空调，把门反锁了，上了一会儿网，把办公室的布沙发拖到从门外看不见的角落里，试了试，只是有点儿短而已。

11点，我关上灯躺在沙发上，早晨醒过来的时候，已经8点了。窗外的雪已经停了。

听 力 课 文
◎ 二、天 气 预 报 ◎

现在播送中央气象台今天下午五点发布的城市天气预报：

北京：阴，偏北风5~6级，–7℃到2℃。

呼和浩特：中雪，西北风5~6级，–20℃到–9℃。

济南：雨夹雪，北风5~6级，–7℃到4℃。

上海：小雨，东北风4~5级，3℃到12℃。

南京：晴间多云，南风转北风5~6级，0℃到9℃。

杭州：中雨，北风5~6级，2℃到10℃。

广州：多云转晴，北风3~4级，11℃到26℃。

海口：大雨，18℃到27℃。

哈尔滨：大雪，西北风3~4级，–14℃到–8℃。

沈阳：小雪，北风3~4级，–18℃到–7℃。

乌鲁木齐：阵雪，–9℃到–5℃。

重庆：雾，4℃到12℃。

香港：多云，东风3~4级，14℃到24℃。

台北：阵雨，12℃到26℃。

天气预报播送完了。

第二课　走遍万水千山

◎ 一、我 的 黄 山 之 旅 ◎

　　一直在外地生活，也玩儿了不少地方，怎么说呢，我从来没跟过团，一是为了省钱，二是觉得自己玩儿比较开心，不受约束。

　　一般的城市公交车都很方便，所以我去玩儿都是拿着地图坐公交车，苏州、北京、上海、南京、无锡、杭州、绍兴都是，而且公交车也便宜，小城市即使打车也不贵。住宿都是挨家去讲价，哪儿便宜就住哪儿，没办法，口袋里钱不多，享受不起，当然是能省就省。

　　记忆中最开心的是去黄山旅游。去黄山的时候是3月底的一个周末，早上一大早就出发了，从市里到黄山大门要坐一大段的汽车，那会儿路边的油菜花都开了，大片大片的，特别漂亮，真想下车拍几张照片，可惜不停车。上午一直下小雨，中午才停的。我没有坐缆车，是自己爬上去的，裤子鞋子都湿了，难忘啊！下午天好了，到处都是云海。黄山的美就不用我说了，好像仙境一样，我无法形容，总之美得我都不想走了！在山上住的那晚，睡的是上下铺，8个人一个屋那种。我也是第一次住这样的旅店，虽然简陋但挺热闹，宾馆太贵了，我住不起。吃了几顿泡面，6块钱一碗，旅馆没有热水，只能在外面买泡面带热水的那种。

　　黄山之行太开心了，够记一辈子的，可能你们都不相信，车费、住宿、门票加吃的所有算在一起300块没到。估计现在是不可能了，门票都涨价了。去年上海的同事去玩儿，一个人一千五，还说便宜，我没敢告诉他们我去的时候只花了300块钱。

◎ 二、在 中 国 坐 火 车 旅 行 ◎

　　在中国，我非常喜欢坐火车旅行，甚至因公出差，我也不愿坐飞机。当我初次乘坐最现代化的 Z 型列车，比如北京—上海线路，我觉得，无论服务水平、清洁标准还是整体印象，都和大多数欧洲火车相差无几。从那以后，我在中国多次坐火车出行，从未失望过。

在中国，火车上没有很严格的规定，无论是硬座、硬卧还是软卧，人们通常都不会介意你在他们身边小憩片刻。大家有的嚼着零食、喝着饮料，或在用餐，有的看报纸，有的聊天、打牌。我曾不止一次地看到，甚至是陌生人也会被邀请一块玩儿牌。总的来说，车厢里的气氛友好、惬意。

坐火车旅行的另一个优点就是，火车站通常建在城市的中心地段，因此你不必像乘飞机时那样，开一小时车到偏僻的飞机场。事实上，在中等距离的行程上，如果按照从家到目的地总共所需时间来算的话，火车能赶得上飞机。

比较欧洲和中国的火车，确实有诸多不同之处。比如：在中国，火车站的安全检查或许会带来不便，但却能更好地保证安全，但这在欧洲并不常见。此外，欧洲的火车上也没有开水机，因为人们不习惯旅行时自带茶杯。

我们还别忘了一个重要的因素——钱。每个国家的火车票都不一样，但总的来说，欧洲比中国要贵许多，那里的火车票价大概相当于中国的飞机票价。无论在中国还是国外，我给你的建议都是，考虑下次旅行坐火车吧！也许会稍慢一些，但它能给你带来无尽的出行体验和意义，坐火车旅行是走遍中国和了解民风的绝佳途径之一，你决不会感到失望。

第三课　笑一笑十年少

听力课文

◎ 一、身动心静人不老 ◎

爸爸属龙，今年八十有四，一米八的大个头，清瘦结实。爸爸对自然、社会和人生都有独到的看法，从不信什么占卦算命，也不练什么功法，但有自己的一套生活方式。身能动则动，心能静则静，这就是他健康长寿的秘诀。

他知足常乐，生活简朴，不喝酒，不吸烟，不暴饮暴食，日常生活大都自己料理，几件旧家具儿女们几次要给换新的，他坚决不肯。对"希望工程"他却能慷慨大方，他资助的一位海南学生常来信问候。爸爸心宽如海，遇事从不冲动，拿得起放得下，从不计较名利。他善待他人，同事、邻居没有人不竖大拇指的。正是这样的生活培养了他平和健康的心态。

爸爸常说，人要健康，除了心静，还要身动，手常练，腿常走，脑常用。爸爸喜欢书法，常常练习。平时爸爸总闲不住，每天都要忙点儿什么。平常日子，只要天气好，爸爸都要骑三轮车出去转一转，或与老友们打几局台球。每天的晚报也一定自己下楼去拿，说是练练腿。今年春节，他和儿孙们一起登上了长城；元旦时还参加了机关组织的联欢会，当了回老年服装模特。

手脚动，脑常用。他说："人老先老脑，脑老人就老。"爸爸每天看报，看电视，常把看来的新闻说给孩子们听。爸爸的记忆力很好，有时儿孙们忘了事，还得去问他呢。

听力课文
◎二、健身要有娱乐的心态◎

健身运动与体力劳动一样，都需要出力流汗，但两者的不同之处是，前者属于娱乐游戏性质，后者则是机械单调的。然而，时下不少运动或减肥处方，片面强调了健身的规律性与计划性，如每天上跑步机多少分钟，基础体力练习多少分钟，甚至把每天摄取的卡路里及体重波动挨个记录。这些方法忽略了一个问题，那就是健身不仅是身体上的运动，更是一种陶冶身心的娱乐。

为什么有人购买了跑步机，没练习多久便厌倦了呢？为什么有人按时运动、按量进餐，但在朋友邀请时多吃一些，上磅秤称就发觉自己又胖了？原因很简单，人不是机器，健身也不是按部就班的工作，尤其在现代生活中，健身既是生活时尚，又是休闲娱乐，它跟高强度的体育训练不一样。

健身是将身体和精神结合起来的娱乐方式，健身又是休闲生活的内容。人之所以参加健身活动，主要是获得锻炼和身心放松，健身会让人的情感得到宣泄，身心得到愉悦。

因此，我们在强调参与体育健身的同时，有必要让体育活动或健身回归到快乐游戏的本质上来。只有这样，才不会让健身动不动和"瘦身计划"以及体重直接挂钩，才不会让人跟完成任务似的每天跳多长时间健身操，做几小时的运动。也只有这样，像远足、攀岩、垂钓、瑜伽、舞蹈等体育活动才会进一步融入现代人的生活。

第四课　千里眼，顺风耳

听 力 课 文
◎ 一、珍贵的电话卡 ◎

拉开抽屉，乱糟糟的杂物中有一副用透明塑料纸精心包好的"扑克牌"，虽历经数次"大扫除"仍安然无恙地躺在那个抽屉里。这是什么稀奇宝贝？其实也不是什么了不起的神秘东西，但对我却是一件珍贵的收藏品——那是我费力收藏的100多张电话卡。这些令人赏心悦目的电话卡，记载着我情感的点点滴滴。

记忆中第一次"约会"电话卡是在县城读高中。那时是我有生以来第一次独自远离家门，水土不服加上刚进城语言交流方面的障碍使得我一下子陷入了孤独痛苦之中。一天周末，在校门口我看到有不少人在排"长龙"，并且手里都拿着一张漂亮的小卡片。原来这就是"大名鼎鼎"的电话卡！我二话没说，也买了一张。拿着新买的电话卡，我被那上面优美的图画深深吸引：画上一个母亲正在为自己要远行的儿子整理行李。我一下子回想起自己临行前的那晚，母亲坐在灯下为我收拾衣服的情景，想家之情油然而生。我连忙拨通家里的电话……

也许从那时开始，我就和电话卡结下了不解之缘。无论是周末还是上课，无论是去找同学还是拜访老师，我身边随时都带着她，因为我想家时需要她，因为我思念朋友时需要她，因为我向老师请假时需要她。通过她，我总在不经意的瞬间就听到了熟悉的乡音，收到了远方的祝福，日子一下子变得温暖起来。

听 力 课 文

◎ 二、沉迷网络危害多 ◎

　　沉迷网络已成为高校学生心理问题的新现象。记者从同济大学心理咨询中心了解到，在到该中心寻求帮助的学生中，一成左右的人都是因沉迷网络而出现了心理问题。该中心负责人透露，过去引起大学生心理问题的原因中，主要是学业压力、人际关系、感情问题等，但是，近年来沉迷网络成为新现象，并且迅速上升为主要原因。一些学生终日沉迷网络聊天、网络游戏，常常有学生在天亮后才回宿舍。这样一来，不但耽误学业、考试挂红灯、留级甚至退学，还对他们的身体造成极大伤害。心理咨询师分析，大学生沉迷网络原因很多，主要因素还是在现实中很多同学存在人际交往困难。许多学生因性格、家庭问题等在现实中不善人际交往，而在网络上则没有这种交往障碍，因此也能获得日常生活无法得到的满足感。客观上，现代技术的进步也为学生沉迷网络提供了条件。据悉，相比其他心理问题，沉迷网络导致的心理问题比较难治疗。上海高校心理咨询协会秘书长陈增堂说，眼下针对性的治疗办法还不多，通常使用行为疗法，逐步减少学生每天上网的时间，并最终减轻他们对网络的依赖。此外，还有一种"偏激"的厌恶疗法，让学生连续几十个小时上网，使他们对网络产生厌恶感。这种疗法的前提是必须做好安全工作，因此咨询中心非常慎重，目前还未尝试类似的做法。

回顾与复习一

一、听一听

第 一 部 分

1. 爸爸属马，今年五十有七，一米六几的小矮个儿，清瘦结实。
   问：关于爸爸的描述，哪一句是正确的？
2. 我们正说上网的好处呢，王老师却说沉迷网络不但耽误学生的学业，还会伤害身体，真让人扫兴。父母们也赞同他的看法，看来我们以后想上网没那么容易了。

问：说话人的身份最有可能是下面哪一个？

3. "美而健"健身房将于 3 月 8 号开始教授有氧健身操课，上课时间是每周一、三、五上新课，二、四、六重复头一天的内容。

问：有氧健身操课一星期共上几次课？

4. "美丽家庭"旅行团 10 月 15 号出发，途经青岛、济南、南京、苏州，最后一站是上海，大约在 11 月中旬回到烟台。

问："美丽家庭"旅游团从哪儿出发？

5. 我们网吧对面是一家旅行社，旅行社旁边有一家健身房，下班以后我常去那儿跳操。

问：说话人在哪儿上班？

6. 我告诉你吧小张，想不按时运动、按量进餐就减肥成功，没门儿！

问：说话人是什么意思？

7. 我一上网先浏览一下新闻，然后再查询一下天气，有空儿再和朋友侃侃大山，玩玩网络游戏，我整个就是一个名副其实的网虫。

问：下面哪一项内容不是他上网做的事情？

8. 这张电话卡是我好朋友的妈妈给买的。

问：电话卡是谁给谁买的？

9. 没想到下过雨以后天气反而更热了。

问：说话人是什么意思？

10. 你这个手机的功能真多，能照相、听音乐、发短信，要是再能上网就更好了。

问：下面哪个不是他的手机的特点？

11. 你脑子进水了吧？这两天不是下大雪就是刮大风，你还想组织老年人参加夕阳红旅游团，赶快取消！

问：说话人为什么要取消旅游？

12. 已经好久没下雨了，天气干燥，生病的人很多，今天终于下了一场及时雨。

问：下雨以后会怎么样？

13. 一到杭州，我们就游览西湖、去茶馆喝刚上市的西湖龙井茶、吃正宗的西湖醋鱼和龙井虾仁，就是把给父母买特产这件事忘到了脑后。

问：他们没有做哪件事？

14. 你们这些人真能瞎折腾，都一大把年纪了，还穿这样一身大红的绸子衣服，也不嫌害臊。

　　问：说话人是什么态度？

15. 说是可以在网上匿名给教师评课，谁知道有没有用呢？

　　问：说话人是什么意思？

第 二 部 分

16. 男：神经绷得这么紧，真该歇歇了。对了，这个五一黄金周你打算干什么？

　　女：听说郊区有个旅游度假村挺不错的，我们全家想去那儿玩儿几天，价钱是950块一周或150块一天。

　　问：去度假村住一个星期得花多少钱？

17. 男：网络技术在现代生活中的应用越来越广泛，我想成为这方面的行家。

　　女：就你那两下子，真是癞蛤蟆想吃天鹅肉。

　　问：女的是什么态度？

18. 男：你一定要多看看自己的缺点，不要老是同老公闹矛盾。

　　女：你少管我的事，我自己知道怎么办，用不着你在这里说三道四，一边待着去。

　　问：女的是什么态度？

19. 男：我独自一人开车去了趟西藏，实现了我自驾游西藏的愿望。

　　女：你没蒙我吧？

　　问：女的是什么态度？

20. 男：你这次能考取驾照吗？

　　女：嗨，我胸有成竹。

　　问：女的是什么意思？

21. 男：这次咱们自己开车去武汉玩儿吧！

　　女：报个旅游团没什么不好吧，能省点儿事就省点儿事。

　　问：女的是什么意思？

22. 男：我听说明天的旅游7点半在一楼大厅集合，8点出发。

　　女：是吗？那我明天6点就得起床，做旅游吃的紫菜饭卷就得1个多

中级汉语听说教程　下册

小时呢。

问：明天几点去旅游？

23. 男：小王这个人怎么样？

女：他这个人呀，谁见了谁竖大拇指。

问：女的认为小王怎么样？

24. 男：以前的老张是个药罐子，她爱人都叫她黄脸婆，现在怎么这么精神？

女：嗨，她经常去健身房跳操，有空还常游泳，在积极健身方面她可是我们单位第一个吃螃蟹的人。

问：关于老张，哪一项不正确？

25. 男：你怎么又吃饱了躺在沙发上看电视？不想减肥了吗？

女：怎么不想？可是，我呀，喝口凉水都长肉。

问：下面哪句话正确？

26. 男：听王涛说他要出门旅游去了。

女：他这个人可真难捉摸，我以前也听他不止说过一次，可也没见他出门旅游过。

问：女的是什么意思？

27. 女：你怎么和女朋友分手了？

男：她善良，温柔，乐意帮助人，有很多优点，但是她做事情太磨蹭，让人受不了。

问：下面哪一项不是女朋友的特点？

28. 男：李力开的网吧真是又干净又漂亮。

女：啊？已经开业了吗？他可真是说干就干呀。

问：女的是怎么想的？

29. 男：你不是出门去郊游了吗？怎么又回来了？

女：你看，天要变了。

问：女的为什么回来了？

30. 男：海参是最有营养的保健食品，吃了以后还能预防流感。

女：别逗了，你说的有水分吧？

问：下面哪句话正确？

31. 男：我爸爸心宽如海，遇事从不冲动，拿得起放得下，从不计较名利，

　　　善待他人。

　　女：我父亲和您父亲正相反。

　　问：女的父亲是一个什么样的人？

32. 男：小李怎么到现在还打光棍儿？

　　女：他谈了几个对象都没成功，总之是没有一个让他满意的。

　　问：下面哪句话正确？

33. 男：快过春节了，你怎么不出门采购年货呀？

　　女：嗨，真是离谱呀，便宜的东西不说，就连贵的都买不到了。

　　问：女的不去买东西的原因是什么？

34. 男：听说网上购物很流行，我打算在网上开个店，专门卖化妆品。

　　女：你不会又是三分钟热度吧？

　　问：下面哪句话正确？

35. 男：你们为什么反对王涛当经理？

　　女：他这个人爱钻牛角尖，遇到问题不会灵活处理，真让人头疼。

　　问：女的认为王涛这个人怎么样？

第 三 部 分

36—38 题是根据下面这段对话：

　　男：你今天也吃，明天也吃，我真不明白，巧克力有什么好吃的？吃起来
　　　　你就没完。

　　女：你不懂，这玩意儿是越吃越想吃。

　　男：你看你够胖的了，还是少吃点儿吧。

　　女：没用，该胖还得胖。我呀，就是喝口凉水都长肉。前一阵子我不是不
　　　　吃了吗？你猜怎么着？一点儿没瘦不说，还闹了一场病。所以，干脆
　　　　想吃就吃。

　　男：真有你的，这么多歪道理。

36. 问：女的为什么不停地吃巧克力？

37. 问：女的认为胖跟什么没有关系？

38. 问：男的对女的是什么态度？

39—41 题是根据下面这段话：

　　我不善于做饭，再加上工作忙，所以平时的一日三餐都是瞎凑合。上个周末与男朋友约会，那天赶上下雪，男朋友来电话说让我先睡一觉，可见路上有多堵。我突发奇想：为什么不自己下厨，表现一把呢？

　　我找出了冰箱里的全部存货，有充足的五花肉、一包扁豆、两个土豆、一个生菜和一个西红柿。我把葱、姜、花椒、辣椒等调料与五花肉和在一起做了一份甜辣红烧肉；又来了一个妈妈常做的土豆炖扁豆；还有就是蔬菜沙拉。虽然有点手忙脚乱，但由于机会难得，我的兴致颇高，而且男朋友不在一旁，我反而多了一份从容。

　　39. 问：说话人平时都是怎么吃饭的？

　　40. 问：那个周末的天气怎么样？

　　41. 问：那天说话人做了几个菜？

42—44 题是根据下面这段话：

　　为了安全，下雪那天我把自己的车停在单位，准备打车回家。本以为自己挺聪明的，可一上街才傻了眼，哪有空出租车呀？况且街上站满了等车的人。等了半个多小时，好不容易得着个空，我只反应慢了半秒钟，已经有好几个人蹿了上去。我想："完了！"没想到出租车司机大声说："先让女士们上车吧，男士们发扬发扬风格，对不住啦。"

　　在车上，我们三个女孩还为如何付车费争了一阵。我的路最远，我要多付一些车费，但那两个女孩不干，说："那我们还绕了路，耽误了你的时间。"她们坚持三个人均分。我觉得其实陌生人之间也挺容易沟通的。

　　42. 问：说话人为什么把自己的车停在单位？

　　43. 问：说话人在街上等了多长时间才打着了车？

　　44. 问：她们是如何付车费的？

45—47 题是根据下面这段话：

　　葡萄牙电视台每星期一至星期五下午六点半，有一个专为七到十二岁孩子举办的五分钟电视新闻节目，叫做"每日日记"。它是儿童节目的一个组成部分。

　　当放映一段动画片之后，这个节目就开始了。电视上出现了主持人大姐姐或大哥哥的形象，他们亲切地给小朋友讲最近发生的世界大事，同时播出有关的画面。乍一看，这个节目与一般电视新闻节目没什么区别，但当人们看过整个节目就会发现，它有显著的特色。

这个节目时间很短，总共才五分钟，播三四条新闻，不等孩子们的注意力分散，节目就已经结束了。这个节目的负责人玛丽亚介绍说，节目既有严肃的，也有轻松的，既有政治性的，也有科学技术、文艺体育方面的，但不选择恐怖、暴力等刺激性的内容。举办这个节目的目的是向儿童提供国内外新闻，使孩子们从小关心世界大事，了解世界。据悉，这个节目自去年 9 月 17 日开始播出后，大受欢迎，不仅儿童喜欢，很多成人也爱看。

45. 问：这个儿童节目为什么只有五分钟？

46. 问：这个儿童节目不包括什么内容？

47. 问：这个节目是为哪个年龄段的孩子们准备的？

48—50 题是根据下面这段话：

去健身房健身已经成为现代人的时尚之选，于是为顾客提供专业化指导的健身教练也应运而生。北京申同健身中心总教练蔡福强提醒说，教练的外形、课时费和证书并不是衡量教学水平的全部标准。选择私人教练有两大误区：一是被教练的外表所"迷惑"。进入健身房后，被教练不错的外形和气质所迷惑。其实，就像"好的运动员不一定能成为好的教练员一样"，外在条件并不代表教练的教学水平。二是价钱越高教得越好。据了解，目前国内健身市场对于私人教练的课时费用并没有统一规范的标准，一节课 1 个小时，费用在 150 元至300 元不等，最贵的甚至达到 500 元。"这些费用并没有经过严格的审核，其中还包含了很多俱乐部经营管理成本，所以单纯从价格来判断教练水平是不理智的。"蔡教练提醒说。

48. 问：录音中没有提到下列哪一项选择健身教练的标准？

49. 问：录音中提到的私人教练最贵的课时费是多少？

50. 关于去健身房的费用下列哪一项是正确的？

第五课　萝卜白菜，各有所爱

听 力 课 文
◎ 一、我 的 朋 友——钢 琴 ◎

现在我已是六年级的学生了，与其他同学一样也有许多爱好。如画画、玩电脑、看书等等，但是我最喜欢的还是弹钢琴。

我上幼儿园的时候，爸爸给我买了一架钢琴，当时我不懂，就用小手在琴键上乱敲。后来，妈妈给我请了一位钢琴老师，从此以后不管是寒冬腊月，还是夏日炎炎，每天我都要练上几个小时的琴。清晨上学前我早早起来练半个小时音阶；下午放学后一回到家再练上半个小时的练习曲；晚上做完作业，我也要练上一个小时才肯睡觉；即使放寒暑假，我也会很自觉地每天弹上两三个小时。

不知不觉我已经学了七年的钢琴，这期间既有我练琴时的滴滴汗水，也有被老师批评后的泪水；既有受到表扬时的欢乐，也有遇到挫折后的苦恼，但是不管怎么样我还是坚持下来了，因为我喜欢钢琴。每当学校搞活动时，我要么给同学们伴奏，要么自己来一段独奏。听着台下同学们的掌声，再看一看同学们那羡慕的眼神，我感到很自豪。

付出就会有收获，今年我在中央音乐学院钢琴等级考试中取得了九级证书，全家人都向我表示祝贺，我心里也美滋滋的。作为一个爱好，我从音乐中得到了无穷的乐趣；而作为一种追求，那现在只能算是刚刚开始，艰辛的道路还长着呢！不过，即使我将来成不了音乐家，我对弹琴这个爱好也不会改变，钢琴已经成为伴我成长的朋友。

听 力 课 文
◎ 二、我 的 追 星 故 事 ◎

一说起追星，人们都觉得那是现在年轻人的事情，其实每个时代都有追星的故事。我今年已经六十多岁了，可是提起我当年的追星故事，连我的孙子也羡慕。

记得小时看外国电影的时候，我总也弄不明白为什么银幕上那些老外能说一口流利的中国话，后来我终于搞清楚了，这一切都是配音演员的功劳。所以我对配音演员特别着迷，每次看译制片的时候，我的耳朵都特别灵，只要银幕上的老外一张嘴，我就立刻能分辨出是哪一位演员配的，尤其是对上海著名配音演员李荣珍，即使是影片中轻轻的一声咳嗽，我也能听出来是他的声音。

有一次我去上海出差，机会难得，一到上海我就直奔电影译制厂，可门卫不让我进，最后失望而归。事后，我还是不死心，就给他写了封信，把千里迢迢拜见他的事告诉他，说我是他的崇拜者，非常喜欢他的配音风格。信寄出以后，我想象他那样有名气的"大腕儿"能给我回信吗？可是没过多久，我竟然收到了他的回信，当时我的心情可想而知。李荣珍信中非常谦虚地说，他每配一个角色都付出很大心血，却总也没有满意的，他还鼓励我要努力学习。

多少年来他的来信一直被我珍藏着，我不知多少次拿出来向人炫耀。你看，我的追星故事不比现在的年轻人差吧？

第六课　　十年树木，百年树人

听 力 课 文
◎ 一、考 研 的 竞 争 太 残 酷 ◎

我叫周京媛，本科读的是金融专业。从大二开始我就认真准备考研了。考研每天都要保证一定的复习量和效率，学习和生活相对比较枯燥，所以我制定了劳逸结合、合理可行的复习计划，使自己保持良好的身心状态。学习之余放松、调整的方法有很多，如锻炼身体、听音乐、聊天、散步什么的。听说今年研究生入学考试有117.2万人报名。这是自1978年恢复研究生招生以来，报考硕士研究生的人数首次突破百万。为了减轻自己考研的压力，我报考了本校的经济学。我觉得熟悉环境是自己最大的优势。专业课对我来讲很简单，只要英语成绩可以就应该没有什么问题了，而且考本校的研究生相对来讲难度小多了。

　　"坚持就是胜利"是许多考研学生的座右铭。我也一直这样鼓励自己。但每年在备考过程中半途而废的人都为数不少，有的人甚至在考了一两门之后又放弃了。据报道，2003 年全国研究生入学统一考试中，北京市的 14.9 万名报考者中，有 15%左右的考生弃考。2004 年考研中，上海市政治理论考试缺考者达到 4296 人，缺考率为 14.6%，其后的英语考试和专业课考试中缺考人数又有所增加。当考完公共课，考场里只剩下不到三分之二的人时，我真是为放弃的人感到可惜，同时也为自己庆幸。

　　我要告诉那些正在准备考研的"战友们"：考研是一些人实现自己目标最好的选择，但也是最难走的路。考研是一场持久战，每个人都应该坚持到最后。

听 力 课 文
◎ 二、汉 语 热 ◎

　　如今，会讲汉语的老外越来越多，全球范围内正掀起新一轮"汉语热"。汉语已经成为美国的第三大语言，澳大利亚和加拿大的第二大语言。日本有 100 万人学汉语。据介绍，国际上汉语热从 1983 年开始逐步发展，1989 年降到低谷，1994 年再次迅速发展。据最近一家媒体最新的统计结果，世界上学习汉语的人数已超过三千万，其中以韩、日和东南亚一些国家为多。现在中国很多高校都有对外汉语教学部门，在中国学习汉语的长期外国留学生人数达数十万人之多。在中国的一些中小学，也有很多外国孩子求学。中国的一些大学里还出现了"汉语角"。

　　记者在北京语言大学的校园里看到，5000 多名不同肤色的外国考生赶到这里，参加本年度最后一次汉语水平考试（HSK）。据了解，除北京语言大学考点外，今天 HSK 在全国 30 多个城市的 50 多个考点同时开考，考生总数达 28000 多人，创历史同期新高。

　　记者从北京语言大学汉语水平考试中心了解到，近年来学习汉语的外国朋友越来越多，参加 HSK 的考生也以 40%的年增长率迅速增加。HSK 自 1990 年正式推出，至今累计约 50 多万名外国考生参加了考试。

该中心负责人透露，北京语言大学汉语水平考试中心即将推出新改版后的HSK 网站，新网站将新增网上预约报名、成绩查询、证书真伪确认等诸多功能，以方便考生。

第七课　到什么山上唱什么歌

听 力 课 文
◎ 一、保护民俗文化 ◎

　　冯骥才，原籍浙江慈溪，生于天津。他因创作了大量文学作品，屡获全国优秀小说奖而闻名。而近年来他因为致力于民间艺术的保护和发掘工作再一次引起了世人的关注。随着中国现代化建设的加快，在经济发展的同时，很多古老的文化、民俗在迅速地消失。作为一名走南闯北的文学家，冯骥才坐不住了。他深知，这些民俗文化的精华一旦失去了就再也找不回来了。为此，他带领志愿者，跑遍了全国26 个省、市、自治区，一边调查，一边对民间文化进行抢救。每到一地，他直接和镇长、乡长"谈判"，教给他们怎么保护当地珍贵的民间文化。没有经费，他就自己想办法，先是拿出了自己多年积攒下的几十万元稿费，然后又通过两次画展来筹集资金。在付出的同时，他心疼着和自己一起从事这项事业的人们。他说，由于经费非常少，许多文化工作者在第一线默默地工作着，一些很有名的老专家住着最普通的旅店，甚至住在老百姓家里，调查、研究、抢救，非常令人感动。就这样，一批中国木版年画、民间剪纸、唐卡等民俗文化精品在冯骥才的努力下得以保留并发扬光大，《中国民俗志》《中国民间故事全书》等书籍已开始编写。对于这些成绩，他没有丝毫的满足，因为他觉得自己像医生一样，在抢救着一个个的生命。"如果不投入全部的精力，将来留下的将是太多的遗憾。"是啊，正像冯骥才说的那样，保护民俗文化是每一个人的事，只有我们每个人都关心和爱惜前人给我们留下的这些财富，我们民族的精神和独特的传统才能传承下去。我们需要共同努力！

听 力 课 文
◎ 二、各 国 婚 俗 ◎

　　说到中国的传统婚俗，人们便会想到各种各样的繁琐礼节，但一提到异国婚俗，人们除了想到婚纱、教堂、牧师之外，便不会有太多的印象。其实由于民族和文化的差异，各国的婚俗呈现出很大的不同。

　　和中国喜用红色不同，白色是浪漫的法国婚礼的主色调，无论是布置用的鲜花，还是新娘的服饰，乃至所有的布置装饰，都是白色的，可以看出法国人眼中的婚姻应该是纯洁无瑕的。而德国人的婚礼更多呈现出疯狂的一面，这与德国人一直崇尚的理智与冷静不同，他们在婚礼中会举行 Party。Party 中，新人会被戏弄，这类似于中国的"闹洞房"，其中的重头戏就是兴高采烈地将碟子掷碎。到了婚礼举行之日，新人会坐由黑马拉的马车来到教堂，而在婚礼举行的地方，会用红色丝带和花环封着出口，新郎须以金钱或答应举行 Party 作交换条件，新人才可以通过出口。在希腊，结婚时人们会在新娘子的手套中放一些糖，代表把甜蜜带进婚姻生活。婚礼中的一项程序是由诗歌班的领唱者训示新郎要好好照顾和保护妻子，新娘子则会轻拍新郎的脚掌以示尊重。英国人的婚礼多在正午举行，随后安排午餐聚会，称作新婚午餐。而英式的结婚蛋糕由大量水果制成，并在蛋糕面上饰以碎扁桃仁，顶层叫作"Christening Cake"，有"诞生之瓶"的意思，会保留至第一个婴儿出生。看来，虽然各国婚俗各异，但都是通过各种形式表达对新人的祝福。

回顾与复习二

一、听一听

第 一 部 分

1. 不要说他还带了那么多礼物，就是寒冬腊月里千里迢迢地前来看你就够不容易的了。

　　问：这句话中的"他"没干什么？

2. 下了班我就直奔火车站接女朋友，可左等右等还是失望而归。

    问：说话人怎么了？

3. 有些书是可以快速浏览的，可有些是要细细品味的，否则就失去了意义。

    问：关于书，下面哪个说法是不正确的？

4. 你说张宏啊，现在可不得了了，已经变成了文艺界的大腕儿了，我要是见到他也让他签个名。

    问：张宏现在怎么样？

5. 每个人的爱好无所谓好坏，我不羡慕别人爱好的高雅，就是喜欢泡泡书吧什么的。

    问：关于爱好，说话人是怎么想的？

6. 现在汽油涨价涨得厉害，我们整天走街串巷的也挣不了多少钱。

    问：说话人可能是做什么工作的？

7. 这件事需要多久？我可不想打持久战。

    问：说话人是怎么想的？

8. 你怎么总是做些得不偿失的事啊，真是拿你没办法。

    问：说话人觉得对方怎么样？

9. 有的人总想着突破自己，可我觉得还是随大溜好，否则早晚得累死。

    问：说话人是什么观点？

10. 我何尝不想回家？可现在两手空空的怎么回去？还是以后再说吧。

    问：说话人为什么不回家？

11. 今晚的演出不断爆发出热烈的掌声，可是重头戏还没开场呢。

    问：说话人是什么意思？

12. 我批评小李的时候小王误会了我的意思，以为我说的是他，结果好好的聚会最后不欢而散。

    问：大家最后怎么了？

13. 这些很高雅的人对那些社会上所谓的流行文化常常是不屑一顾的。

    问：这句话是什么意思？

14. 当你对自己没有信心的时候，遇到难题难免就会发憷。

    问：如果没有信心会怎么样？

15. 你别看不起我，我承认现在不如你，可早晚有一天我要让你对我挑大拇指。

问：从这句话我们可以知道什么？

第 二 部 分

16. 男：如果不是独奏我才不想参加演出呢！

女：不管是合奏还是独奏，只要能得到乐趣就行。

问：男的最可能是干什么的？

17. 女：我这些年见过不少大腕儿，现在我还珍藏着和他们的合影。

男：我开始追星时你还不知道在哪儿呢，有什么好炫耀的？

问：男的是什么意思？

18. 男：我就喜欢攀岩、蹦极这样的比较刺激的运动。

女：你们男人就是好动不好静，哪儿赶得上我们几个女人泡泡吧，一起谈天说地呢？

问：女的是什么意思？

19. 女：昨天李辰怎么回事？他在回来的路上说的话是什么意思？

男：你还问我，我到现在还是一头雾水呢。

问：男的对李辰是怎么想的？

20. 男：听说孙洪这次荣获了全国专利评比一等奖，真是大喜事！

女：这算什么喜事？对他来说这可不是第一次了，他在我们市的确算是高手了。

问：关于孙洪，哪个说法是不正确的？

21. 男：我那孩子太不能吃苦了，刚踢了一周足球就死活不干了，这样还能指望他成球星吗？

女：这种事你得看他的天分，不能赶鸭子上架。

问：下面哪个说法不是对话中的意思？

22. 男：要是这次再失败我就彻底完了，一辈子也别想考上大学了。

女：别这么想，你没听说过"条条大路通罗马"吗？

问：女的对男的是怎么想的？

23. 女：这次你可是自愿的，到时候你别反悔啊！

男：什么自愿不自愿的，我们家的事什么时候不是你做主？

问：男的对这件事是什么态度？

24. 女：你自己不是一直叫着要打工吗？怎么才干了三天就叫苦连天的？

　　男：每天花那么多时间才赚那么点儿钱，我觉得有点儿得不偿失。

　　问：男的现在为什么不满意？

25. 男：媒体上说今年的毕业生可能突破三百万。

　　女：我真庆幸早生了 10 年，现在的博士可能还不如咱们这些只念了四年的工作理想呢。

　　问：对话中的男女可能是什么学历？

26. 男：老婆，快点儿，我的那件格子衬衣放哪儿了？

　　女：不是在左边第一个抽屉里吗？你除了衣来伸手饭来张口外还会什么？

　　问：女的是什么意思？

27. 女：我让儿子考研究生他非不听，看，现在遇到麻烦了吧？

　　男：念书是他自己的事，强扭的瓜不甜嘛。

　　问：男的是怎么想的？

28. 女：现在的孩子太难管了，总是和你唱反调。

　　男：你也别上火，教育孩子还是应该顺其自然。

　　问：女说话人的孩子怎么了？

29. 女：听说张辉结婚时大家闹洞房有点儿过，最后闹得不欢而散。

　　男：这种日子不闹不热闹嘛！

　　问：男的对这件事是怎么看的？

30. 男：上次过节我去看二姨时带了两盒点心和两盒茶叶，看大舅带了两瓶酒和两盒营养品，听说二姨还有意见呢！

　　女：这种事谁能完全做到不偏不倚呢！

　　问：男的看望亲戚时没带什么东西？

31. 男：又到春节了，一听要串亲戚我就头疼。

　　女：是呀，劳神费力不说，还要挨家打点，可真麻烦死了。

　　问：女的觉得串亲戚怎么样？

32. 男：孩子走了，妻子也跟单位去旅游了，剩下我自己一个人干什么都没意思。

　　女：这样也好，省得天天在一起斗嘴。

　　问：女的是什么意思？

33. 男：我们家乡没别的好处，就是民风淳朴。

　　女：这样再好不过了，否则当面说中听的话，背后不知怎么嚼舌头，有什么意思？

　　问：女的不喜欢什么样的人？

34. 男：你这个人什么都好，就是听不得批评，一戳到你的痛处你就哇哇叫。

　　女：那戳戳你的痛处试试！

　　问：女的是什么意思？

35. 男：这几天的车可真挤啊！从家里一出来就看见车站黑压压的一片人，明天还要上班，想想就发憷。

　　女：那明天你提前半个小时出发保管你第一个来。

　　问：对话最可能发生在什么地方？

第 三 部 分

36—38 题是根据下面的一段对话：

　　男：王姐，你怎么舍得花那么大一笔钱让孩子去学习？你家不会是发财了吧？

　　女：发什么财？我是吃过知识不如别人的苦，不愿意再让我的孩子走我的路，所以一咬牙，送他去学想学的东西。

　　男：你这样整天起早贪黑地忙活，挣的钱都扔到孩子身上了，是不是有点儿得不偿失？

　　女：谁还跟自己的孩子算得失？不是说再穷不能穷教育，再苦不能苦孩子吗？我也是这么想的。

　　男：你可真行，换了我，打死我也做不到你这种程度。

　　女：我也是没办法，现在不管他，将来落埋怨怎么办？

36. 问：下面哪个不是女的送孩子学习的原因？

37. 问：男的对这件事是怎么想的？

38. 问："再穷不能穷教育，再苦不能苦孩子"这句话是什么意思？

39—42 题是根据下面一段话：

　　所谓的素质教育应该是根据每个孩子的个性特点对其进行教育，使其综合素质、能力得到提高的教育。在教育过程中我们应该多鼓励，少批评，让孩子们勇敢大胆地去尝试未知的事物，哪怕有一点儿发现也予以肯定。可是，现在的学校教育乃至家庭教育中对素质一词产生了误解，认为吹拉弹唱就是素质。到了中学，很多家长和老师则认为素质教育的时期已经过去了，应该进入应试教育时期了。另外，对激励教育的看法也发生了偏移。很多家长用钱、物作为考试成绩突出的物质奖励，并将其认为是激励教育。如果以这种方式对孩子进行所谓的激励，那会有什么样的效果呢？我们的教育中存在的问题不能说不严重，已经到了应该引起大家重视的时候了。

39. 问：说话人最可能是什么人？
40. 问：说话人认为素质教育不应该怎样？
41. 问：下面哪个不是现在教育中存在的问题？
42. 问：关于这段话，下面哪个说法是不正确的？

43—45 题是根据下面一段对话：

女：我丈夫这个人每天一回家就直奔电脑，对着电脑又写又画的，真是拿他没办法，他还说作为一个平面设计师，电脑就是他的情人，你说气不气人？

男：你也别埋怨了，他好歹还是在工作，又没有上网聊天，也没去干什么坏事，要是有什么不良的爱好你不就倒霉了吗？

女：这倒也是。我们那位在别的方面就是一块木头，什么都不懂。人家有的对什么影星着迷，有的喜欢打牌赌博，有的喜欢去练歌房唱歌，他全不喜欢，就是对着电脑乐。

男：所以你也别发牢骚了。就算他对电脑已经到了痴迷的程度，也比他每天迫不及待地往外跑强啊！

女：我本来还嫌他屡教不改，看来我还是让他留着这点儿乐趣吧，否则谁知他会迷上什么呢？

43. 下面哪个不是女的丈夫的情况？
44. 对话中男的对这件事是怎么想的？
45. 女的最后的话是什么意思？

46—48 题是根据下面一段话：

杨柳青年画为中国著名的民间木版年画。它继承了宋元绘画的传统，吸收了明代木刻版画、工艺美术、戏剧舞台艺术的形式，采用木版套印和手工彩绘相结合的方法，创立了鲜活、喜庆、感人的独特风格。在中国版画史上，杨柳青年画与南方著名的苏州桃花坞年画并称为"南桃北柳"。杨柳青年画始于明代，在清朝光绪年间达到顶峰。当时天津杨柳青镇及其周围村庄大多从事年画制作，年画因为产地而得名。杨柳青年画的题材多样，内容丰富，尤其以反映现实、风俗、历史故事等题材为多。年画中的很多佳作被中外收藏家所珍藏。作为中国民俗文化中非常有代表性的一种形式，杨柳青年画很好地传承了中国民间传统艺术，因此已走向了世界，曾在日本、法国、英国、意大利、泰国、新加坡等国展出，极受欢迎。

46. 问：下面哪个不是杨柳青年画的风格？

47. 问：关于杨柳青年画，下面哪个说法是不正确的？

48. 问：展出过杨柳青年画的国家中，下面哪个没提到？

49—50 题是根据下面一段话：

作为一名美术学院的大学生，王明每个假期都外出写生。他喜欢去寻访民间文化，农村老头老太太做出的手工制品、剪出的窗花在他眼里都是那么活灵活现，充满着生活情趣。相比之下，关在学校里造出来的作品色调浓艳、构图繁琐，怎么看都不如民间的东西鲜活有趣。因此，王明下决心走遍中国的山山水水，找到真正的艺术精华。

49. 问：王明觉得民间文化怎么样？

50. 问：王明觉得学校里出来的作品怎么样？

第八课　常回家看看

听力课文

◎ 一、回 家 过 年 ◎

腊月三十那天，一场大雪覆盖了小城。"乡下路不好，还能开车回老家吗？"我问。"父母都在家盼着我们回去，不能让他们失望，雪再大也得赶回去，更何况这是我们新婚后的第一个新年呢！"丈夫归心似箭。

回到乡下老家，公公、婆婆满脸都是惊喜："还以为你们回不来了！回来就好。"公公端出瓜子、柿饼、葡萄干什么的让我吃，我心里顿时暖暖的，大雪带来的寒意消失得无影无踪。当晚，我帮助婆婆准备菜，丈夫掌勺，做了一桌丰盛的年夜饭。一家人边吃边看春节联欢晚会，度过了温馨的除夕夜。

初二那天，妹妹、妹夫打电话说要回家，让丈夫开车去接他们。妹妹家离婆婆家50多公里，而且刚下过雪，那条路非常难走，很危险，但丈夫依然毫不犹豫地开车去接他们。妹妹、妹夫的到来更给家里增添了热闹，老两口看着我们聚在了一起，高兴得合不拢嘴。

春节期间，我们还花了不少时间拜访亲友，向亲友表达我们的问候和祝福。丈夫特意提出去看望一下表姑。丈夫说，表姑虽然不是他亲姑姑，但小时候对他特别好，他一直记挂到现在。见到表姑时，表姑已经认不出我的丈夫，但丈夫一报出名字，表姑马上想起来了，高兴地拉起丈夫的手，喊着丈夫的小名，讲起丈夫童年的故事。当时的情景还真让我感动。

春节过去了，又要上班了，可是我的心情还沉浸在节日中，回家过年使我深深感到亲情是一笔财富，拥有亲情是一件幸福的事情。

听力课文
◎ 二、当丈夫将妻子推进海里 ◎

有一对夫妻，丈夫非常胆小，做什么事情之前都让妻子先试试。妻子对此十分不满。

一次，两人出海，回来时，大风将小船摧毁，幸亏妻子抓住了一块木板才保住了两人的性命。妻子问丈夫："你怕吗？"丈夫从怀中掏出一把水果刀，说："怕，但有鲨鱼来，我就用这个对付它。"妻子只是摇头苦笑。

不久，一艘轮船发现了他们，正当他们欣喜若狂时，一群鲨鱼出现了，妻子大叫："我们一起用力游，会没事的！"丈夫却突然用力将妻子推进海里，自己抓住木板朝轮船游去，并喊道："这次我先试！"妻子惊呆了，望着丈夫的背影，她感到非常绝望。鲨鱼逐渐靠近，可对妻子丝毫不感兴趣，而是向丈夫游去。丈夫被鲨鱼凶猛地撕咬着，他发疯似地冲妻子喊道："我爱你！"

妻子被救了起来，船上的人都在为丈夫默哀。船长坐到妻子身边说："他是我见过的最勇敢的人，我们为他祈祷吧！""不，他是个胆小鬼。"妻子冷冷地说。"您怎么这样说呢？刚才我一直用望远镜观察你们，我清楚地看到他把你推开后用刀子割破了自己的手腕。鲨鱼对血腥味很敏感，如果他不这样来争取时间，恐怕你永远不会出现在这艘船上……"船长说。

第九课　吃不了兜着走

听 力 课 文
◎ 一、妈妈的持家之道 ◎

　　我的家庭是个三口之家。生活不愁吃不愁穿，说起来，也算一个小康之家。正因为如此，我从小就觉得，钱对于我来讲是"取之不尽，用之不竭"的。手头紧的时候就向爸爸要。上初中以后，我花钱越来越冲，爸爸比我也强不了多少，妈妈实在看不过去了，命令爸爸交出家庭财务权，每个月的工资如数上交，我的零花钱由妈妈给。从此以后，爸爸和我的苦日子就来了。不仅如此，妈妈还从其他方面纠正我和爸爸浪费的毛病，比如洗脸要用脸盆不用水龙头，随手关灯，夏天空调的温度不能太低，人不在时电脑必须关机，买菜不能多买，爸爸必须戒烟戒酒，纸的正反面都要用，衣服不能穿几天就扔等等。一个月以后，我们爷儿俩实在受不了了，就写了一封抗议信放在妈妈的手提包里。信中说，我家再怎么不好也算得上一个小康之家，没有必要非得什么事都精打细算，妈妈这样做完全是没事找事，自己跟自己过不去。可是，抗议的结果，不说你们肯定也知道，妈妈根本没理我们的碴儿。不过，当天晚上吃饭的时候，妈妈笑着说："这个月我家的生活费才花了700块，比上个月整整减少了一半。省下的钱，400块钱给了你爷爷奶奶，另外300块钱以全家的名义捐给了'希望工程'。"爸爸听了高兴得连连点头，看来妈妈不但持家有方、节约有道，花起钱来还会花到刀刃儿上。

听 力 课 文
◎二、中国餐饮消费浪费惊人◎

　　最近，记者就中国人餐饮消费在日常饮食消费结构中的比例问题在上海各大餐饮场所进行了走访，却意外发现：中国餐饮消费浪费惊人。据统计，上海市共有 50 家酒店被列入星级酒店，小型饭店更是遍布街头。如此之多的饭店，餐饮业的浪费现象可以说是随处可见。红烧鱼的骨架还没露出，盆里的汤没喝几口，碗里的米饭还剩一多半……整桌菜肴还剩好几样，客人就结账走人了。

　　记者在走访过程中还发现，在中高档饭店就餐的人，一般出手比较大方，点菜多而且贵，以示气派和热情大方，因而浪费较严重。小餐馆里的消费者一般比较节约，点菜时多考虑节约钞票，饭菜实惠够吃就可以。一般来说，自家人聚餐时，一些没吃完的菜，会打包带给没参加聚餐的家人吃，但如果是在饭店请朋友的客或商务宴请，碍于面子，就很少有人打包。在某事业单位上班的王先生说，前天他请朋友到餐馆吃饭，考虑到老朋友难得见面，点了不少的菜。结果酒喝了不少，菜却剩了一大半，可当时谁也不愿意打包，觉得这样做太小气，太没面子。因此，记者认为，消费者应改进就餐方式，倡导就餐时讲科学、重营养、崇尚节约、杜绝浪费的新风尚。

第十课　爱美之心，人皆有之

听 力 课 文
◎一、选 美 风 波◎

　　邻居王大妈这几天正为一件事上火，是怎么回事呢？这还得从女儿参加选美比赛说起。今年夏天，广州举办了一场规模很大的"中国小姐"选美比赛。王大妈的女儿文静因为脸蛋漂亮，身材苗条，于是自作主张背着妈妈报了名。当时文静正读高三，为了选美，她又瞒着妈妈请了一个月的假，参加了模特培训班，而王大妈一直被蒙在鼓里，直到隔壁刘奶奶把电视台直播选美比赛的消息告诉她，她才知道女儿未经允许私自参加了比赛。于是她马上给女儿打电话，让她中断比赛立即回家。女儿当然没听她的话，晚上在 T 型台上发挥稳定，顺利通过了预选赛。本想回家以后，妈妈的脑子会转过弯来，甚至还可能祝贺自己，但是她想错了，妈妈非但没有祝贺她，反而狠狠地臭骂了她一通，说什么选美就是扭屁股露大腿伤风败俗……反正什么难听说什么，没一句好话。文静也不甘示弱，跟王大妈顶起嘴来，最后竟然你一句我一句地吵了起来。就这样，两个人闹翻了。从此，王大妈逢人便大倒苦水，说女儿处处跟自己对着干。女儿呢，也铁了心要继续参加比赛，说谁也拦不住她。看来，这对母女之间的疙瘩一时半会儿还很难解开。

听 力 课 文
◎ 二、中国美女观的世纪变迁 ◎

提起美女，我们就会想到古代四大美女。但不同时代，美的标准却未必相同。比如，汉代以瘦为美，唐代以胖为美。到了 20 世纪以后，不同年代美女的标准也在不断地变迁。比如：二十世纪三四十年代，柳叶眉、杏仁眼、樱桃小嘴的姑娘广受欢迎。50 年代到 70 年代中期，女人的穿戴基本上是清一色的蓝灰色服装，用现在的观点看基本上没什么美女。70 年代后期，美女的标准是身材苗条、匀称，脸蛋漂亮。80 年代人们喜欢用纯情、白雪公主、梦中情人等词评价美女。90 年代，港台文化很吃香，"靓""酷"成为评判美女的新标准。"靓"主要是指长相，而"酷"主要是指神态和打扮。不过，现如今，当美女脸上的化妆品越来越厚、唇彩越来越夸张的时候，也不知怎么地，不少人居然开始怀念起"邻家小妹"型的美女来，看来崇尚自然很可能会成为新一轮的美女标准。

回顾与复习三

一、听一听

第 一 部 分

1. 我求了她半天，要求她明天陪我去看电影，可她硬是没理我的碴儿。
   问：这句话是什么意思？

2. 张大哥，最近我花钱比较冲，所以手头比较紧，你能不能帮我一把？
   问：说话人是什么意思？

3. 难得来北京一趟，哪儿能在家里吃，那多没劲哪，来，满上，满上！
   问：说话人最可能在什么地方？

4. 你说你不喜欢现在的工作，你想当兵，那眼下你还每天干个什么劲儿呀？
   问：这句话是什么意思？

5. 这么多的学生都去报考电影学院和戏剧学院，如果你也跟着起哄，将来你不喝西北风才怪呢！
   问：这句话主要说明了什么？

6. 不是我说你，就你这过日子的派头，将来银行里能存下钱才怪呢。
   问：下面哪句话是正确的？

7. 小丽，你怎么又跑回娘家来了？怎么，又跟丈夫怄气了？我说你们俩，好好的日子不过，整天这都在干什么呀？
   问：小丽可能怎么了？

8. 看到同事都买车，我这心也痒痒，不行，今天晚上我得厚着脸皮跟老婆谈谈，嘴皮子磨破了也不怕，我豁出去了。
   问：说话人今天晚上要干什么？

9. 爸，您都多大岁数了，退休了也不闲着，您呀，听我的，在家里待着享几天清福，我说什么也不能让您出去干那吃苦受累的活。
   问：下面哪句话是正确的？

10. 妈，今天除夕，您老人家就歇着吧，今天我那位掌勺，我给他打下手，我哥我姐准备碗筷，一会儿就开饭。
    问：今天这顿饭谁做？

11. 俗话说，男子汉大丈夫志在四方，再看看你，整天在家窝窝囊囊的，你总不能让我一辈子养着你啊？有你这样做丈夫的吗？

　　问：这句话暗示了什么？

12. 一说起过年回老家的事，我和丈夫都总是一脸的苦笑，我俩常为到底该去哪家吵得脸红脖子粗的。

　　问：关于这对夫妻，下面哪项是错的？

13. 常年在外面工作，也真难为了孩子他妈，趁着十一黄金周，从哪个方面说，我也该弥补一下了，所以啊，我决定，这个假期的家务活我全包了。

　　问：说话人为什么要在假期里干家务？

14. 妈，也怪了，我那小家伙白天睡晚上玩儿，我们两口子实在是累得有点儿吃不消，哎呀，现在才明白那句话：养儿方知父母恩哪。

　　问：关于这句话，下面哪项是错误的？

15. 你这孩子怎么什么事都非得跟我对着干？看来不修理你不行了！

　　问：下面哪句话是正确的？

第 二 部 分

16. 男：奶奶，我没钱了，给我三百块钱好吗？

　　女：你这孩子，我不是刚给了你三百块钱吗？噢，我知道了，你是用那钱买运动鞋了是吧？可你现在为什么不穿了？哪儿有像你这样糟踏钱的，都像你这样，你奶奶就是有一座金山也会被你吃光的。

　　问：奶奶为什么生气？

17. 女：老王，你不知道，回家过年太累，我真发憷。

　　男：小刘，你看你，老人都健在，回家过年还有个盼头，可我回去找谁？哎，你就知足吧。

　　问：男的说的话暗示了什么？

18. 女：你说你，工作今天干不完，明天接着干，干吗非得跟自己过不去呢？

　　男：姐，你以为我愿意这样吗？明天单位不是有一场足球比赛吗？

　　问：男的是什么意思？

19. 女：小王，你不是出国了吗？

男：唉，别提了，一言难尽，我被骗了，从今以后我再也不相信同学
　　了，我那五万块钱全打了水漂。

问：关于男的，下面哪项是正确的？

20. 女：孩子，赶明儿我托人给你介绍一个好姑娘，妈早就急着抱孙子了。

男：妈，都什么年代了，你说的那都是老皇历了，现在不兴这一套了，
　　你也该换换脑筋了。

问：关于对话，下列哪项是正确的？

21. 女：爸爸，我想买台电脑，还想买一辆车。

男：你呀，不是我说你，你就是被钱烧的。你那么有钱，就给你妈和
　　我每人也买一台电脑和一辆车得了。

问：男的是什么意思？

22. 女：记得我小时候，家里人很娇惯我，要什么给什么，那时候生活真
　　的很幸福，哎，对了，你家怎么样？

男：说出来吓你一跳，我小时候，家里一分钱能掰两半花，你说我家
　　怎么样？

问：男的小时候家庭条件怎么样？

23. 男：那个老板，朋友多交际广，出手大方，牛气得很。

女：如果你知道他对待他父母那抠门的程度，你肯定不会这么认为。

问：女的的话暗示了什么？

24. 男：昨天邻居家那二姑娘用刀片割破手腕打算自杀，幸好被及时发现，
　　现在正在医院抢救呢。

女：不就是因为买房的事儿跟男朋友闹翻了，有什么大不了的，至于
　　想不开吗？

问：关于这个对话，下列哪项是正确的？

25. 男：哪有像你这样当妈的，家里的事都一个人大包大揽，那孩子干什
　　么？我从来没看见这么宠孩子的。

女：你就少说两句吧，你懂什么，他不是马上就要考试了吗！

问：女的为什么不让孩子干家务？

26. 男：38号，噢，是你吗？如果你想好了，请在这上面签上你的名字，
　　不过，我还是要提醒你，你可想好了，整容可不是闹着玩儿的，
　　它有一定的风险，万一整出个什么后遗症来那就不好了。你现在
　　后悔还来得及。

女：我不后悔，我说什么也要整，哪怕只有百分之一的希望我也要整，我实在是过够了那种没有男生正眼看的日子了。

问：女的决心整容的原因是什么？

27. 女：我听主任说，老板打算炒你的鱿鱼，你快去看看吧。

男：什么？你听谁说的？哼！如果是事实，那我求之不得。

问：男的是什么意思？

28. 女₁：凭什么稍微有点儿姿色的人就能很容易地找到工作，而我们却屡屡碰壁，次次招聘会都空手而归？这个社会为什么总是以貌取人？这对我们太不公平了。

女₂：要不你也像我一样把自己的脸加加工？

问：第二个人建议第一个人干什么？

29. 男：你看你，满脸褶子，再不去保养一下，你就不怕吓着我和孩子？

女：看你说的，都什么岁数了，我如果照你说的做，我还怕我那乖儿子认不出我来呢。

问：说话的两个人可能是什么关系？

30. 女：孩子学钢琴的事从一开始我就被蒙在鼓里，你说气不气人？

男：要是让你知道，你不吃了他才怪呢。

问：男的是什么意思？

31. 女：就我这身材，这脸蛋，站在他面前，他竟然连眼皮都不抬一下，你说气不气人？

男：这就对了，就你那什么都满不在乎的德性，他要是能看上你那才叫瞎了眼呢。

问：关于对话，下列哪句是错的？

32. 女：我就奇怪，隔壁张晓燕长相平平，可她后面的追求者数都数不过来，你说奇怪不奇怪？

男：这再简单不过了，女人不仅仅是因为漂亮才可爱。

问：男的是什么意思？

33. 男：现在不是流行黄金周去国外旅行吗？要不咱俩也出去潇洒一把？

女：你啊，简直是吃饱了撑得没事干，你先考虑把孩子的学费交上去再说吧。

问：女的是什么意思？

34. 女：你说我答不答应跟男朋友回他家？

　　男：这还不简单，去不就得了，难道你还怕你将来的婆婆不成？大不
　　　　了回来再找一个男朋友，哈哈哈。

　　问：男的是什么意思？

35. 女：这孩子真不能让老人看，老人对孩子什么事都有求必应，孩子就
　　　　是要天上的星星老人也会给他摘下来。

　　男：那可不。

　　问：第二个人对第一个人的话是什么态度？

第 三 部 分

36—37 题是根据下面一段对话：

　　女：如果让你在"财富""健康"和"爱心"三项中选择一项，你会选择
　　　　哪一项？

　　男：不能同时选择两个吗？

　　女：当然不能。

　　男：好，如果要让我选择的话，我宁肯放弃健康和财富。

　　女：你确定吗？

　　男：当然。我坚信我的选择是正确的。

　　女：如果你真的是这样选择的话，那么，你其实已经拥有了一切。

36. 男的选择的是什么？

37. 对话中的最后一句是什么意思？

38—41 题是根据下面的一段话：

　　我是上海市市长热线电话的记录员，在工作中，每天都有好多事感动着
我。下面我就把一位市民的来电录音放给大家听：

　　　　您好，我姓王，最近，我有一件事儿想请你们帮忙。这件事儿搞得我
这个春节都没过好。请您耐心地听我把这个故事讲完。我是个体户，在南
京路上卖服装，记得年前腊月二十七，店里很忙，当时，进来一位农村老
大娘，她选了半天，指着一件红袄问我多少钱，我说价钱不贵，才 60 块。
老太太说："这衣服的样式、大小和颜色都太适合我儿媳妇了，就是便宜
了点儿，我不能买。""怎么，嫌便宜？"我有点儿不相信自己的耳朵。

"是便宜了点儿，二百块上下还差不多。钱花少了，对不住她。"原来，她一大早坐车从农村来到这儿，就是为了给儿媳妇买件像样的衣服。她说自己的丈夫死得早，自己一手把儿子拉扯大，去年儿子娶了媳妇，人品长相都没的挑。对待自己更是没的说。年前自己得了重病，儿子在外面打工，是儿媳妇家里家外地忙，照顾了一个多月病才好，自己过意不去，就想买件像样的衣服表达一下心意。听完老太太的话，我马上建议她到马路对面那家服装店看看。老太太刚走，我就往对面那家店打了一个电话，让售货员把这个品牌的衣服贴上一张 200 块钱的标签，因为对面那家店也是我开的。半个小时后，老人满意地走了。营业员过来交钱，我吃惊地发现那 200 块钱全是由很多一块钱和五毛钱凑起来的，当时我就哭了，我太没有良心了。我想请你们帮我找到那个老大娘，把钱还给她，顺便向她赔礼道歉。

38. 录音中第一个说话的人是干什么工作的？

39. 来电录音中的故事发生在什么时间？

40. 关于老大娘，下列哪项是错的？

41. 关于服装店老板，下列哪项是错的？

42—44 题是根据下面的一段话：

中国某民间信息调查组织的第 18 份年度"浪漫报告"于日前公布，共有 16 个国家的 1000 名男士和 1000 名女士接受了调查。

调查显示，来自不同国籍的男女吸引异性的方式差别不小。英国和澳大利亚的男士认为狂饮可以吸引异性。德国和意大利男人喜欢夸大自己的财产。而高达 70% 的德国女性承认，她们在结交异性的时候曾经隐瞒了自己的真实年龄。

这次调查还显示，在结交异性的方式上，大约一半的葡萄牙人选择通过互联网结识异性，40% 的法国男性和 10% 的法国女性通过参加聚会、光顾酒吧和俱乐部寻找理想恋人。调查还显示，大部分国家，男女约会一般把相貌作为首选因素，但是葡萄牙人则不同，他们初次约会的首选因素是智慧，而对于美国和加拿大人来说，他们更感兴趣的却是幽默感。

42. 调查中，关于男女吸引异性的方式，下列哪项是错误的？

43. 关于法国人结交异性的方式，下列哪项没有谈到？

44. 调查中，关于男女见面时的首选因素，下列哪项是错的？

45—48 题是根据下面的一段话：

一位说话和气，满脸笑容的大学美容课教师非常受学生们的欢迎。在讲课中，她让学生猜一猜自己的年龄。学生们顿时活跃起来，大家叽叽喳喳你一言我一语地乱猜一气，有的猜 32 岁，有的猜 35 岁，结果这些答案统统被老师摇头否认。"现在我来告诉大家，我只有十八岁零几个月。"学生们一阵惊呼，怎么可能，他们都不敢相信自己的耳朵。就在这时，老师继续说："至于这几个月是多少，请你们自己去想吧，也许是几个月，也许是十几个月，或者更多，但是我的心情只有十八岁。"说到这里，学生们恍然大悟。

45. 录音叙述的事情可能发生在什么地方？

46. 这段话中的老师的年龄多大？

47. 关于这段话，下列哪项是正确的？

48. 本文的题目最可能是哪一个？

49—50 题是根据下面的一段话：

在世界范围内，浪费粮食是一个比较普遍的问题。以英国为例，英国人每年扔掉的未曾食用过的食品价值高达 200 亿英镑。这一数字是英国每年用于国际援助金额的 5 倍。这些食品如果用来救济穷人，可以使 1.5 亿人摆脱饥饿。调查发现，从整包面包、没动过的土豆，到由于过了"保质期"而尚未开封的三明治，都可以在英国家庭的垃圾箱里找到。总体来说，大约有三至四成的食品就这样被扔掉了。调查人员发现，在大超市的供货环节上，食品浪费是最严重的。大量的食品浪费让英国出现了一批被叫做"白吃汉"的无业者，这些人专门从超市的垃圾箱里捡那些处理掉的食品。有专家认为，英国普通消费者浪费情况严重主要和购物习惯有关，他们往往一周一次或两周一次到超市大量购买，所以常有食品过期和买得不合适的情况发生。

49. 录音中提到的浪费的食物占总数量的百分比，下列哪项比较接近？

50. 根据录音，英国食品浪费严重的主要原因是什么？

中级汉语听说教程 下册

词汇索引

A

碍面子 ài miànzi ·············· 9

安然无恙 ānrán wú yàng ·········· 4

按部就班 àn bù jiù bān ·········· 3

熬 áo ······················ 8

B

巴掌 bāzhang ················ 1

扒拉 bāla ·················· 9

掰 bāi ···················· 9

白日梦 báirìmèng ············ 6

百感交集 bǎi gǎn jiāo jí ········ 4

半老徐娘 bàn lǎo Xúniáng ········ 10

半途而废 bàn tú ér fèi ·········· 6

伴奏 bànzòu ················ 5

磅秤 bàngchèng ············ 3

保养 bǎoyǎng ············· 10

报答 bàodá ················ 8

暴饮暴食 bào yǐn bào shí ······· 3

背 bèi ··················· 10

被窝儿 bèiwōr ·············· 1

本色 běnsè ················ 10

奔头 bèntou ··············· 10

绷 bēng ·················· 4

甭 béng ·················· 3

蹦极 bèngjí ················ 5

比阔 bǐ kuò ················ 9

笔挺 bǐtǐng ················ 10

闭塞 bìsè ················· 3

变迁 biànqiān ·············· 4

遍布 biànbù ··············· 9

标志牌 biāozhìpái ··········· 2

不甘示弱 bùgān shìruò ········· 10

不欢而散 bù huān ér sàn ······· 7

不解之缘 bù jiě zhī yuán ········ 4

不经意 bùjīngyì ············· 2

不偏不倚 bù piān bù yǐ ········· 7

不屑一顾 bú xiè yí gù ·········· 7

不亦乐乎 búyìlèhū ··········· 3

C

彩虹 cǎihóng ·············· 1

查询 cháxún ··············· 6

碴儿 chár ················· 9

倡导 chàngdǎo ……………… 9

唱反调 chàng fǎndiào ……… 6

扯 chě …………………………… 1

沉浸 chénjìn …………………… 8

沉迷 chénmí …………………… 4

陈年旧俗 chén nián jiù sú …… 7

痴迷 chīmí ……………………… 5

持家 chíjiā ……………………… 9

持久战 chíjiǔzhàn …………… 6

崇尚 chóngshàng …………… 10

冲 chòng ……………………… 9

抽空 chōu kòng ……………… 6

抽屉 chōuti …………………… 4

筹集 chóují …………………… 7

出手 chūshǒu ………………… 9

处方 chǔfāng ………………… 3

传承 chuánchéng …………… 7

喘口气 chuǎnkǒuqì ………… 6

串亲戚 chuàn qīnqi ………… 7

创新 chuàngxīn ……………… 5

纯粹 chúncuì ………………… 5

纯情 chúnqíng ……………… 10

唇彩 chúncǎi ………………… 10

淳朴 chúnpǔ ………………… 7

戳 chuō ………………………… 7

催 cuī …………………………… 8

摧毁 cuīhuǐ …………………… 8

挫折 cuòzhé …………………… 5

D

打点 dǎdiǎn …………………… 7

打是亲，骂是爱 dǎ shì qīn,
　　mà shì ài …………………… 8

打水漂 dǎ shuǐpiāo ………… 9

打退堂鼓 dǎ tuìtánggǔ ……… 3

大腕儿 dàwànr ……………… 5

大孝子 dà xiàozi ……………… 8

当头一棒 dāng tóu yí bàng … 9

刀刃儿 dāorènr ……………… 9

刀子嘴豆腐心 dāozi zuǐ dòufu xīn … 7

倒苦水 dào kǔshuǐ ………… 10

得不偿失 dé bù cháng shī …… 6

低谷 dīgǔ ……………………… 6

地段 dìduàn …………………… 2

第一线 dìyīxiàn ……………… 7

典故 diǎngù …………………… 2

垫 diàn ……………………… 10

雕饰 diāoshì ………………… 10

顶嘴 dǐng zuǐ ………………… 10

冻疮 dòngchuāng …………… 1

冻伤 dòngshāng ……………… 1

斗嘴 dòu zuǐ ………………… 7

杜绝 dùjué …………………… 9

对牛弹琴 duì niú tán qín …… 3

对着干 duìzhe gàn ………… 10

哆嗦 duōsuo ………………… 1

F

发怵 fāchù …………………… 7

发掘 fājué ……………………… 7

发牢骚 fā láosāo ……………… 5

繁琐 fánsuǒ …………………… 7

分辨 fēnbiàn ·················· 5

风波 fēngbō ·················· 10

风调雨顺 fēng tiáo yǔ shùn ········ 1

风土人情 fēngtǔ rénqíng ········· 2

封 fēng ····················· 1

肤浅 fūqiǎn ·················· 10

抚养 fǔyǎng ·················· 6

负面 fùmiàn ·················· 4

覆盖 fùgài ··················· 8

G

改版 gǎibǎn ·················· 6

赶鸭子上架 gǎn yāzi shàng jià ····· 6

高手 gāoshǒu ················· 5

高雅 gāoyǎ ··················· 5

疙瘩 gēda ··················· 10

割破 gēpò ··················· 8

隔辈儿亲 gé bèir qīn ············ 8

跟团 gēn tuán ················· 2

功劳 gōngláo ················· 5

鼓捣 gǔdao ·················· 3

挂钩 guàgōu ················· 3

光顾 guānggù ················· 3

归心似箭 guī xīn sì jiàn ·········· 8

过不去 guòbuqù ··············· 9

过道 guòdào ················· 5

H

害臊 hàisào ·················· 3

寒冬腊月 hándōng làyuè ·········· 5

寒意 hányì ··················· 8

罕见 hǎnjiàn ················· 4

号召 hàozhào ················· 9

合计 héjì ···················· 3

后顾之忧 hòu gù zhī yōu ·········· 4

后怕 hòupà ·················· 2

后天 hòutiān ················· 10

后遗症 hòuyízhèng ············· 10

缓 huǎn ···················· 6

焕发 huànfā ················· 10

回扣 huíkòu ················· 2

回头率 huítóulù ··············· 10

活灵活现 huó líng huó xiàn ········ 7

活受罪 huóshòuzuì ············· 2

火暴 huǒbào ················· 2

J

机械 jīxiè ··················· 3

记挂 jìguà ··················· 8

忌日 jìrì ···················· 8

夹 jiā ····················· 1

简陋 jiǎnlòu ················· 2

间 jiàn ····················· 1

健在 jiànzài ················· 8

叫苦连天 jiào kǔ lián tiān ········· 6

尽孝心 jìn xiàoxīn ············· 8

精打细算 jīng dǎ xì suàn ·········· 9

精华 jīnghuá ················· 7

绝佳 juéjiā ·················· 2

嚼 jiáo ···················· 2

嚼舌头 jiáo shétou ············· 7

K

卡路里 kǎlùlǐ ················· 3

开导 kāidǎo ················· 8

开阔眼界 kāikuò yǎnjiè ········· 2

开窍 kāi qiào ················· 4

侃大山 kǎn dàshān ··········· 3

慷慨 kāngkǎi ················· 3

抗议 kàngyì ················· 9

刻骨铭心 kè gǔ míng xīn ······· 2

空手而归 kōng shǒu ér guī ····· 10

恐龙 kǒnglóng ················· 1

枯燥 kūzào ················· 6

苦笑 kǔxiào ················· 8

酷 kù ················· 10

L

来劲 láijìn ················· 9

缆车 lǎnchē ················· 2

狼狈 lángbèi ················· 1

老皇历 lǎo huánglì ··········· 9

涝 lào ················· 1

乐趣 lèqù ················· 5

累计 lěijì ················· 6

冷冷清清 lěnglěngqīngqīng ······· 1

离谱儿 lípǔr ················· 1

理论 lǐlùn ················· 3

量体裁衣 liàng tǐ cái yī ········· 3

靓 liàng ················· 10

拎 līn ················· 5

另一半 lìngyíbàn ············· 1

留恋 liúliàn ················· 8

露宿街头 lùsù jiētóu ··········· 2

屡教不改 lǚ jiào bù gǎi ········· 5

落埋怨 luò mányuàn ··········· 6

落伍 luò wǔ ················· 4

M

麦收 màishōu ················· 1

漫游 mànyóu ················· 4

忙碌 mánglù ················· 8

没门儿 méiménr ················· 6

美其名曰 měi qí míng yuē ······· 1

门卫 ménwèi ················· 5

闷 mèn ················· 1

蒙在鼓里 méng zài gǔ li ······· 10

弥补 míbǔ ················· 8

秘诀 mìjué ················· 3

磨 mó ················· 9

默哀 mò'āi ················· 8

木板 mùbǎn ················· 8

N

耐人寻味 nàirénxúnwèi ········· 7

闹翻 nàofān ················· 10

匿名 nìmíng ················· 4

年货 niánhuò ················· 8

年夜饭 niányèfàn ············· 8

拧 nǐng ················· 9

牛气 niúqi ················· 9

浓妆艳抹 nóng zhuāng yàn mǒ ··· 10

中级汉语听说教程 下册

O

怄气 òu qì …………… 9

P

攀岩 pānyán ……………… 5

泡 pào ………………… 5

泡面 pàomiàn …………… 2

怦然心动 pēngrán xīn dòng …… 10

偏 piān ………………… 1

片刻 piànkè …………… 2

片面 piànmiàn ………… 9

平衡 pínghéng ………… 9

迫不及待 pò bù jí dài ………… 5

Q

祈祷 qídǎo …………… 8

起码 qǐmǎ …………… 6

千里迢迢 qiān lǐ tiáotiáo ………… 5

牵 qiān ………………… 1

强扭的瓜不甜
qiáng niǔ de guā bù tián ……… 6

惬意 qièyì …………… 2

琴键 qínjiàn …………… 5

轻巧 qīngqiǎo ………… 9

倾盆大雨 qīng pén dà yǔ …… 1

清福 qīngfú …………… 9

清洁 qīngjié …………… 2

清一色 qīngyísè ………… 10

情趣 qíngqù …………… 7

求学 qiúxué …………… 6

求之不得 qiú zhī bù dé ………… 10

取之不尽，用之不竭 qǔ zhī bú jìn,
yòng zhī bù jié …………… 9

R

人心惶惶 rénxīn huánghuáng …… 1

日新月异 rì xīn yuè yì ………… 3

荣获 rónghuò …………… 5

如数 rúshù …………… 9

入乡随俗 rù xiāng suí sú ………… 7

S

三分钟的热度
sān fēnzhōng de rèdù …………… 1

扫兴 sǎo xìng …………… 2

色调 sèdiào …………… 7

鲨鱼 shāyú …………… 8

傻眼 shǎ yǎn …………… 2

山洪 shānhóng …………… 1

伤风败俗 shāng fēng bài sú …… 10

赏心悦目 shǎng xīn yuè mù …… 4

烧 shāo ………………… 9

少时夫妻老来伴儿
shào shí fūqī lǎo lái bànr ……… 8

奢侈 shēchǐ …………… 4

摄取 shèqǔ …………… 3

深受其害 shēn shòu qí hài …… 4

生怕 shēngpà …………… 8

省吃俭用 shěng chī jiǎn yòng …… 9

失望而归 shīwàng ér guī …… 5

湿漉漉 shīlùlù …………… 1

势利眼 shìliyǎn …………… 10

手电筒 shǒudiàntǒng ·········· 2

手头紧 shǒutóu jǐn ·········· 9

手腕 shǒuwàn ·········· 8

舒坦 shūtan ·········· 3

数落 shǔluo ·········· 9

束手无策 shù shǒu wú cè ········ 4

耍贫嘴 shuǎ pínzuǐ ·········· 2

拴住 shuānzhù ·········· 8

爽 shuǎng ·········· 3

顺其自然 shùn qí zìrán ·········· 6

瞬间 shùnjiān ·········· 4

撕咬 sīyǎo ·········· 8

随处可见 suí chù kě jiàn ·········· 9

随大溜 suídàliù ·········· 6

随机应变 suí jī yìng biàn ·········· 4

T

瘫痪 tānhuàn ·········· 1

谈天说地 tán tiān shuō dì ·········· 5

逃票 táo piào ·········· 2

陶冶 táoyě ·········· 3

通宵 tōngxiāo ·········· 3

头脑发热 tóunǎo fārè ·········· 2

透露 tòulù ·········· 6

突破 tūpò ·········· 6

W

弯弯绕 wānwānrào ·········· 7

万岁 wànsuì ·········· 2

忘本 wàng běn ·········· 9

温差 wēnchā ·········· 1

温馨 wēnxīn ·········· 8

窝囊 wōnang ·········· 10

乌云密布 wū yún mì bù ·········· 1

无尽 wújìn ·········· 2

无拘无束 wú jū wú shù ·········· 2

无可比拟 wúkě bǐnǐ ·········· 4

无暇 wúxiá ·········· 7

无影无踪 wú yǐng wú zōng ·········· 8

X

喜庆 xǐqìng ·········· 3

戏弄 xìnòng ·········· 7

细细品味 xìxì pǐnwèi ·········· 5

夏日炎炎 xiàrì yányán ·········· 5

仙境 xiānjìng ·········· 2

掀起 xiānqǐ ·········· 6

鲜活 xiānhuó ·········· 7

现代化 xiàndàihuà ·········· 2

相差无几 xiāng chà wú jǐ ·········· 2

享福 xiǎng fú ·········· 8

向往 xiàngwǎng ·········· 8

消夏 xiāoxià ·········· 3

小憩 xiǎoqì ·········· 2

心思 xīnsi ·········· 1

欣喜若狂 xīnxǐ ruò kuáng ·········· 8

行程 xíngchéng ·········· 2

醒悟 xǐngwù ·········· 9

幸灾乐祸 xìng zāi lè huò ·········· 1

性命 xìngmìng ·········· 8

兴头 xìngtóu ·········· 7

凶猛 xiōngměng ·········· 8

胸大肌 xiōngdàjī ……… 5

虚荣 xūróng ……… 10

虚伪 xūwěi ……… 5

宣泄 xuānxiè ……… 3

炫耀 xuànyào ……… 5

血腥味 xuèxīngwèi ……… 8

Y

眼下 yǎnxià ……… 4

厌倦 yànjuàn ……… 3

艳阳高照 yàn yáng gāo zhào …… 1

秧歌 yāngge ……… 3

阳光明媚 yángguāng míngmèi … 1

养儿方知父母恩

yǎng ér fāng zhī fùmǔ ēn ……… 8

妖精 yāojing ……… 3

窈窕淑女 yǎotiǎo shūnǚ ……… 3

野炊 yěchuī ……… 3

一头雾水 yì tóu wùshuǐ ……… 5

以貌取人 yǐ mào qǔ rén ……… 10

译制片 yìzhìpiàn ……… 5

阴沉沉 yīnchénchén ……… 1

银幕 yínmù ……… 5

涌 yǒng ……… 1

油菜 yóucài ……… 2

油然而生 yóurán ér shēng ……… 4

有幸 yǒuxìng ……… 5

有眼无珠 yǒu yǎn wú zhū ……… 10

瑜伽 yúgā ……… 3

远足 yuǎnzú ……… 3

约束 yuēshù ……… 2

云海 yúnhǎi ……… 2

匀称 yúnchèng ……… 10

Z

糟蹋 zāotà ……… 9

沾边儿 zhān biānr ……… 1

占据 zhànjù ……… 5

站牌 zhànpái ……… 1

掌勺 zhǎngsháo ……… 8

障碍 zhàng'ài ……… 4

折腾 zhēteng ……… 3

褶子 zhězi ……… 10

珍藏 zhēncáng ……… 5

针对 zhēnduì ……… 4

真伪 zhēnwěi ……… 6

阵 zhèn ……… 1

整体 zhěngtǐ ……… 2

知足 zhīzú ……… 8

知足常乐 zhī zú cháng lè ……… 3

直奔 zhíbèn ……… 5

志在四方 zhì zài sì fāng ……… 8

掷 zhì ……… 7

中听 zhōngtīng ……… 7

钟爱 zhōng'ài ……… 5

重头戏 zhòngtóuxì ……… 7

昼夜 zhòuyè ……… 1

诸多 zhūduō ……… 2

专利 zhuānlì ……… 5

转过弯来 zhuǎnguo wān lai ……… 10

词汇索引

着迷 zháomí ·························· 5

姿色 zīsè ·························· 10

走访 zǒufǎng ·························· 9

走街串巷 zǒu jiē chuàn xiàng ······ 6

走马观花 zǒu mǎ guān huā ········ 2

座右铭 zuòyòumíng ················· 6

做主 zuò zhǔ ························· 6

中级汉语听说教程 下册